U0373788

勒石为记

陆衡题

苏州高新区摩崖石刻石碑拓片选粹

苏州高新区文化体育和旅游局
苏州高新区地方文化研究会　编著

苏州大学出版社
Soochow University Press

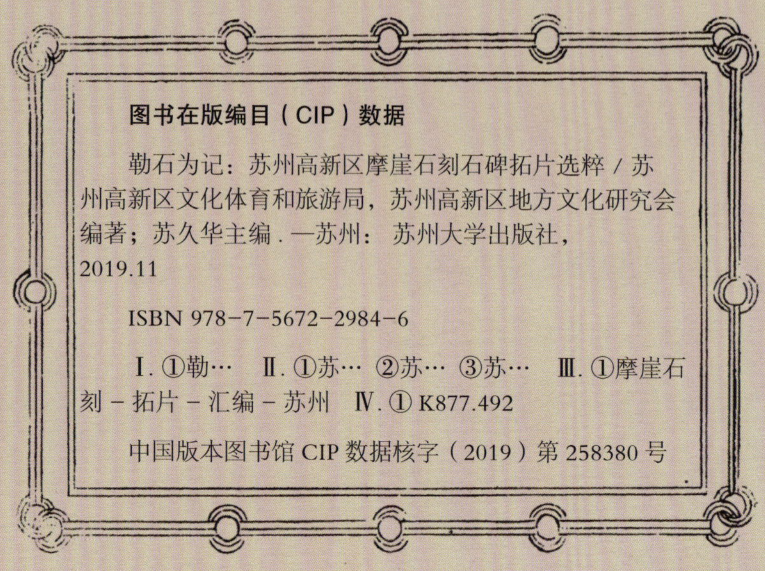

图书在版编目（CIP）数据

勒石为记：苏州高新区摩崖石刻石碑拓片选粹 / 苏州高新区文化体育和旅游局，苏州高新区地方文化研究会编著；苏久华主编．—苏州：苏州大学出版社，2019.11

ISBN 978-7-5672-2984-6

Ⅰ.①勒…　Ⅱ.①苏…　②苏…　③苏…　Ⅲ.①摩崖石刻－拓片－汇编－苏州　Ⅳ.①K877.492

中国版本图书馆 CIP 数据核字（2019）第 258380 号

书名题签　陆　衡

图文统筹　俞小康

传　　拓　吴建明　龚国民　沈　勇　刘建伟

释　　文　陆　衡　尤文华

摄　　影　陈　坚　季伟秋

勒石为记——苏州高新区摩崖石刻石碑拓片选粹

编　　著　苏州高新区文化体育和旅游局

　　　　　苏州高新区地方文化研究会

责任编辑　倪浩文

出版发行　苏州大学出版社

　　　　　（苏州市十梓街 1 号，215006）

印　　刷　苏州深广印刷有限公司

开　　本　787 mm×1 092mm　1/8

印　　张　29.5

字　　数　267 千

版　　次　2019 年 11 月第 1 版

印　　次　2019 年 11 月第 1 次印刷

书　　号　ISBN 978-7-5672-2984-6

定　　价　380.00 元

序

苏州高新区是苏州在推进现代化进程中重新布局调整区域功能后的产物，它以高新技术而迅速崛起，是我们耳熟能详的『一体两翼』之一翼。在讨论『一体两翼』的文化发展问题时，我长期的想法是，一体两翼不仅是经济、科技、社会的新秩序，同样是人文乃至文化的新秩序。在这个新秩序中，一方面，作为主流的吴文化仍然在传承之中；另一方面，又因为城市结构的调整，多种文化因素融入了『一体两翼』。今日之苏州事实上已经处于多种文化因素并存的状态。所以，即便生于斯长于斯的苏州人对苏州的认知也是熟悉而陌生。在这个意义上看，苏州是一个能够让我们不断探寻的空间。

在读到《勒石为记》这部书稿时，我再一次意识到，我们对『旧苏州』的认识其实也是不充分的。这部书所收苏州高新区辖区内的摩崖石刻与碑刻拓片，其作为艺术和文献的成就，令人叹为观止。在考察和论述『文化苏州』时，我们通常是以『姑苏区』为中心，旁及其他，《勒石为记》或许能够让我们有更多的视角来观察和论述『文化苏州』。苏州高新区位于姑苏城西，南邻吴中，北接相城，东枕运河，西临太湖，历史人文厚重，山水风物清嘉，是吴文化的重要发祥地之一。我们熟知的上方山、狮子山、支硎山、大阳山等地，层峦叠嶂、万壑绵延，塔寺摩崖、亭碑古街、名人墓冢、传统工艺等不胜枚举、远近闻名。——这是我们对苏州高新区的一般印象。

就在这方土地上，历代骚人墨客、帝王将相往来其间，指点江山，激扬文字。西周早期，泰伯奔吴，建立勾吴国。春秋时期，作为当时吴国的核心区域，这里有吴王阖闾称霸诸侯的驰游遗迹，亦有越王勾践卧薪尝胆的马涧龙池。吴越争霸在阳山风起云涌，范蠡西施自石湖泛舟五湖。秦代，始皇帝南巡，经吴地留下虎疁、射渎、箭阙诸名。管霄霞观山修道，来鹤峰、仙人洞可觅神隐仙踪。魏晋南北朝，释道之风渐兴，名士何充隐逸何山，开何山道院，道法自然。名僧支遁驻锡支硎，建中峰禅寺，佛法弘昌。隋唐以降，姑苏城外寒山寺，月落乌啼泊枫桥的张继失意不第而成千古绝唱。在一川烟草、满城风絮的烟雨横塘，贺铸感而作『梅子黄时雨』，佳篇横绝。南宋范成大隐退石湖，筑『石湖草堂』，有《吴郡志》《吴船录》《石湖词》传世，扬吴地之人文。晚明赵宧光卜居寒山，建『寒山别业』，题『千尺雪』『云中庐』『飞鱼峡』诸迹，赋山水以精神。清代，康熙南巡驻跸浒墅关镇，乾隆六次巡游登临支硎山和寒山，对景怀古，赋诗题字，勒石以记，世传佳话。江山留胜迹，我辈复登临。置身于苏州高新区的真山真水，游目骋怀，寻踪觅迹，摅怀旧之蓄念，发思古之幽情，亦是一桩赏心乐事。行走其间，最引人驻足观赏、发人无限遐思的便要数那千峰滴翠之间、林泉幽邃之处的大量珍贵的摩崖石刻。这些石刻遗迹，正行隶篆，诸体皆备；辞赋诗文，不染尘俗。这一块块斑驳石刻，刻画着一段段沧桑岁月的历史，讲述着一代代高人逸士的风韵，书写着一篇篇精彩绝伦的文章。

苏州高新区文化部门委托当地地方文化研究会，对辖区内的摩崖石刻与碑刻进行了深入的普查、统计、传拓、释文工作，也收录了少量与之文脉密切关联的寒山、花山摩崖题刻，由此而成《勒石为记》。这些古代帝王和文人留下的文化遗产，形式多样、内涵丰富，不仅具有较高的艺术鉴赏价值，也是研究苏州西部地区历史文化的重要文献资料。收集、整理摩崖石刻石碑的工作极为不易，相关部门和专家的工作尽显苏州高新区文化工作者的人文情怀。新书即将付梓，也让摩崖石刻石碑走出山林，相遇现代，以使文化之根永续，历史记忆长存。在纸上的时空中，更多的人借此了解历史，尊重文化，传承文脉。

我对苏州高新区摩崖石刻研究不多，编者邀我作序，知其难为而勉力为之，所知所见不免浅薄，抛砖引玉是也。

王尧（苏州大学文学院院长）

二〇一九年十一月

目录

摩崖石刻

摩崖石刻 1
沈弘彝题诗 2
来鹤峰 4
仙人洞 6
积翠峰 8
管山胜境 10
『拟出关津』诗 12
常云峰 14
王鏊等游记 16
朱乔等游记 18
顾孟林等游记 20
师韶等游记 22
箭缺 24
顾元庆题记 26
竞秀岩 28
见湖峰 30
夕照岩 32
敬甫游记 34
仙桥 36
集仙岩 38
仙砰 40
宜晚屏 42
大块文章 44
卧龙 46
余君吉穴 48
洗心泉 50
苍公遗蜕 52
苍雪简介 54
南来堂 56
阳阿 58
寒山 60
『泉出寒山寒』诗 62
蜿延壑 64
赵含元诗 66

贺九岭助银券额碑 164
永禁开采爪山碑 166
国计堂记碑 168
重修文昌阁碑记 170
重修浒墅关文昌阁助银碑 172
永禁藉尸骚扰布告碑 174
永禁私宰耕牛事布告碑 176
永禁高抬洋价以及挽搭禁钱诸事布告碑 178
浒墅镇公园记碑 180
明沈伯庸妻章氏合葬之墓墓盖 184
浒关井亭碑 185
永禁挖毁桥塘布告碑 186
苏州浒墅关新安会馆记碑 188
旌表坊残件 190
永禁侵挪亏空殡房款项碑 192
残碑 194
『春风吹满锦峰山』组诗碑 196
虚堂黄先生像赞碑 198
戴熙题《锦峰校士图》诗碑 200
陶澍题《锦峰校士图》诗碑 202
欧阳子瑄题灵济白龙庙诗碑 204
天远堂匾额 206
龙柏亭记碑 208
重建东河禅院助银碑 210
募化东河禅院重建修理碑 212
通福茶亭明柱石刻 214
万佛宝塔碑 216
秀峰岫云禅师塔铭 218
普宁郡侯赠少师徐忠懿公墓望祭碑 220
宋左中散大夫徐师闵墓志铭 222
后记 226

千尺雪 68

『支硎一带连寒山』诗 70

正德题记 72

仙人座 74

铁壁关 76

布袋 78

百步潺湲 80

贺九岭岭名由来 82

天马徕 84

拱辰台 86

高真别宇 88

何山山名由来 90

寿星岩 92

陈毅甫墓 94

碑刻 97

横塘驿联 98

申时行墓赐茔碑 100

申时行墓恩恤碑 102

申时行墓特恩赠谥碑 104

申时行墓敕葬碑 106

申时行墓谕祭碑 108

申时行墓诰赠碑 110

申时行墓恭立名录碑 112

申时行墓褒恤重恩碑 114

申时行墓敕谕并祭碑 116

宠光奕世碑 118

四时田园杂兴诗碑 120

王文治书残碑 134

越公井额 136

广东潮阳县儒学教谕陈侃墓志铭并盖 138

浒墅关修堤记碑 142

助造中峰山纸炉碑 144

晋支公中峰禅院记碑 146

明月碑 148

报恩山碑 150

明通议大夫南京都察院左副都御史陈璠墓志盖 152

乾隆御书『明镜漾云根』碑 154

乾隆御制『名园依别墅』诗碑 156

永禁作践扰害陶氏祖茔碑 158

刘恕生圹墓志铭 160

贺九岭助银券额碑 162

摩崖石刻

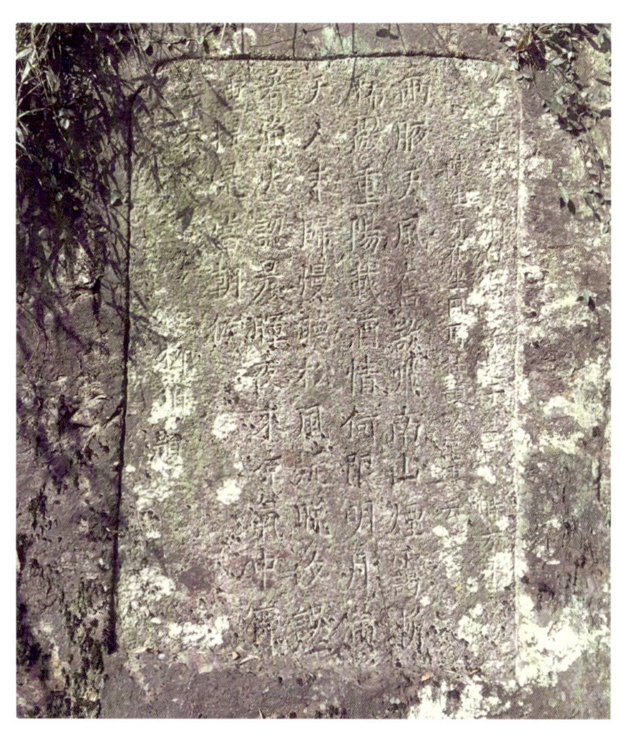

沈弘彝题诗

【释文】辛丑秋九月白治兴子游于登管山时方舟陈生亦在坐　因用杜韵以纪兴云　两腋天风奋欲飞　南山烟霭渐稀微　重阳载酒情何限　明月满天人未归　慢听松风疑晚汐　误看渔火认晨晖　夜来凉气中宵重　拟是当朝候衾衣　柳川题

【尺寸】142cm×133cm

【地点】管山东麓

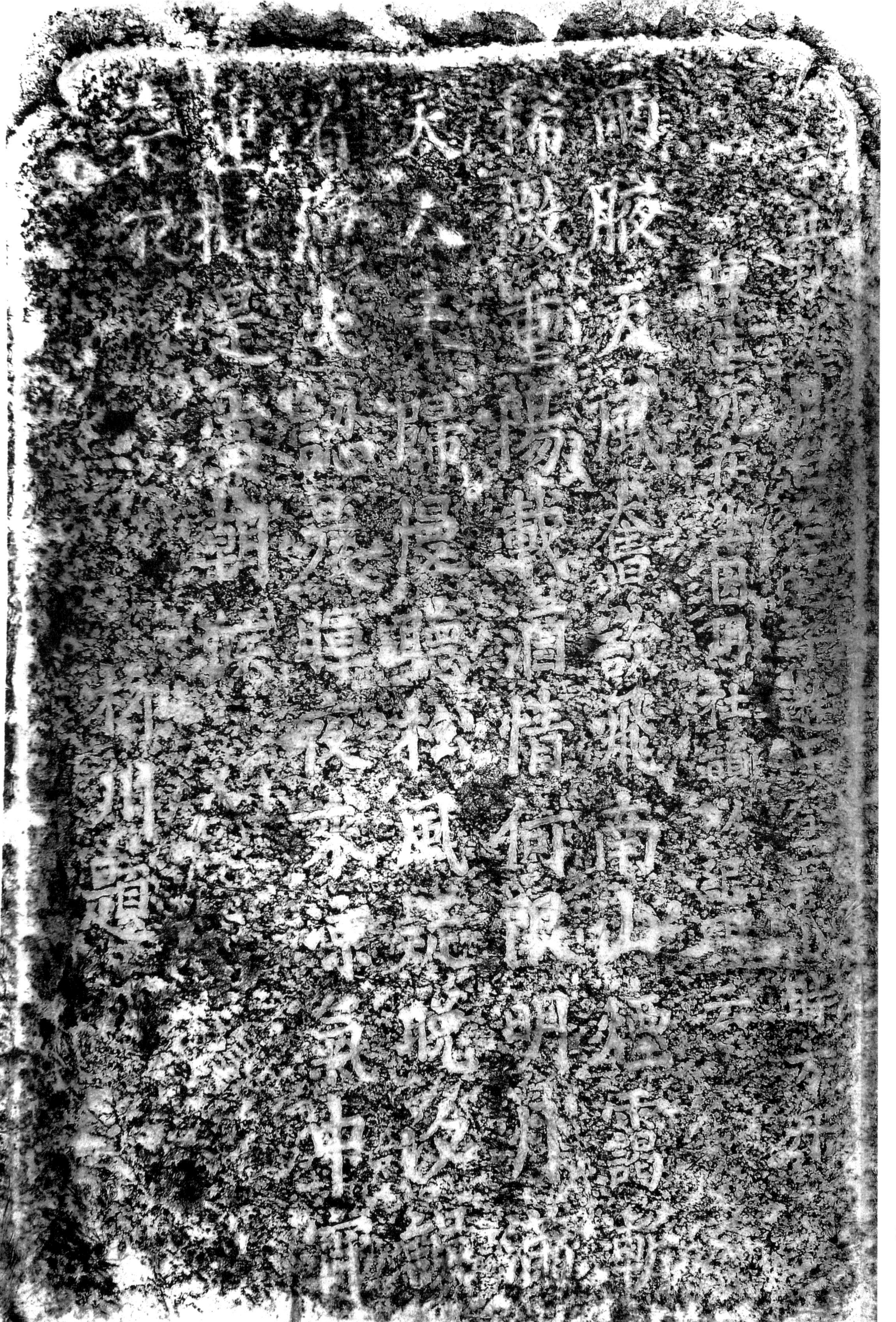

来鹤峰

【释文】来鹤峰　大明嘉靖壬寅五月日立　司徒陈人柳川沈弘彝书

【尺寸】180cm×100cm

【地点】管山东侧山巅

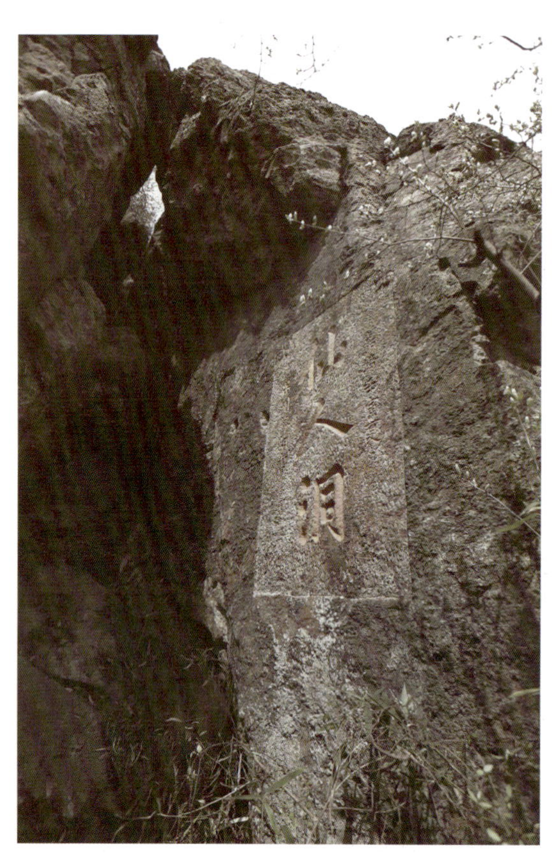

仙人洞

【释文】仙人洞　嘉靖壬寅夏　中州苏胡书　督工□陆天锡　马缨　徐可成

【尺寸】180cm × 100cm

【地点】管山东侧半山

嘉靖壬寅夏
仙人洞

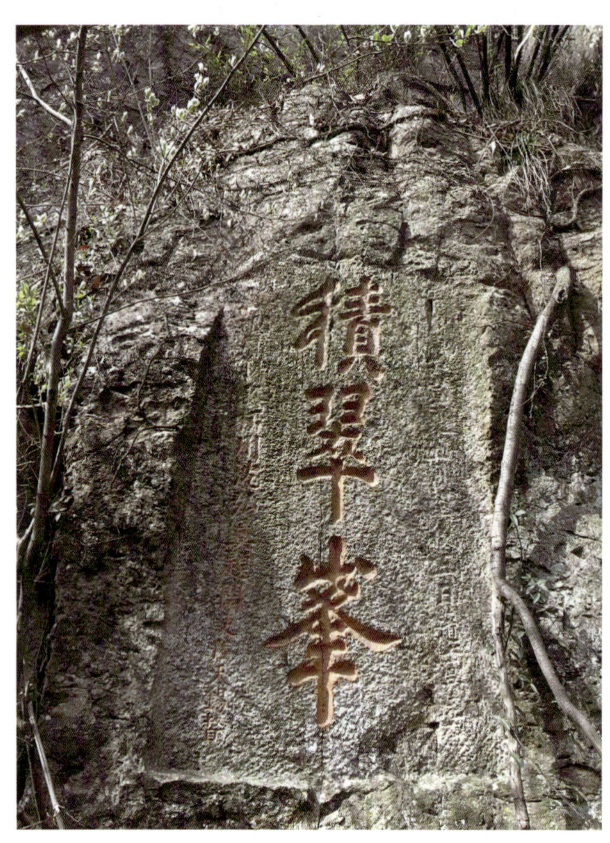

积翠峰

【释文】积翠峰　明嘉靖壬寅夏五月望后三日　道士吕□　明督关事陈人柳川沈弘彝题　关吏马缨　陆天锡　钟□□督

【尺寸】145cm × 95cm

【地点】管山东侧半山

積翠峯

管山胜境

【释文】管山胜境　道光二十七年十月　华亭张祥河

【尺寸】270cm×180cm

【地点】管山东麓

道光二十七年十月
張祥河

『拟出关津』诗

【释文】拟出关津送一程　先从此地酌瑶觥　山灵□有诗人至　特地云鬟梳晓□　枫叶红将花比妍　诗吟醉后擘云笺　他年艺苑修山□　简册应传此盛筵

【尺寸】133cm × 142cm

【地点】管山东麓

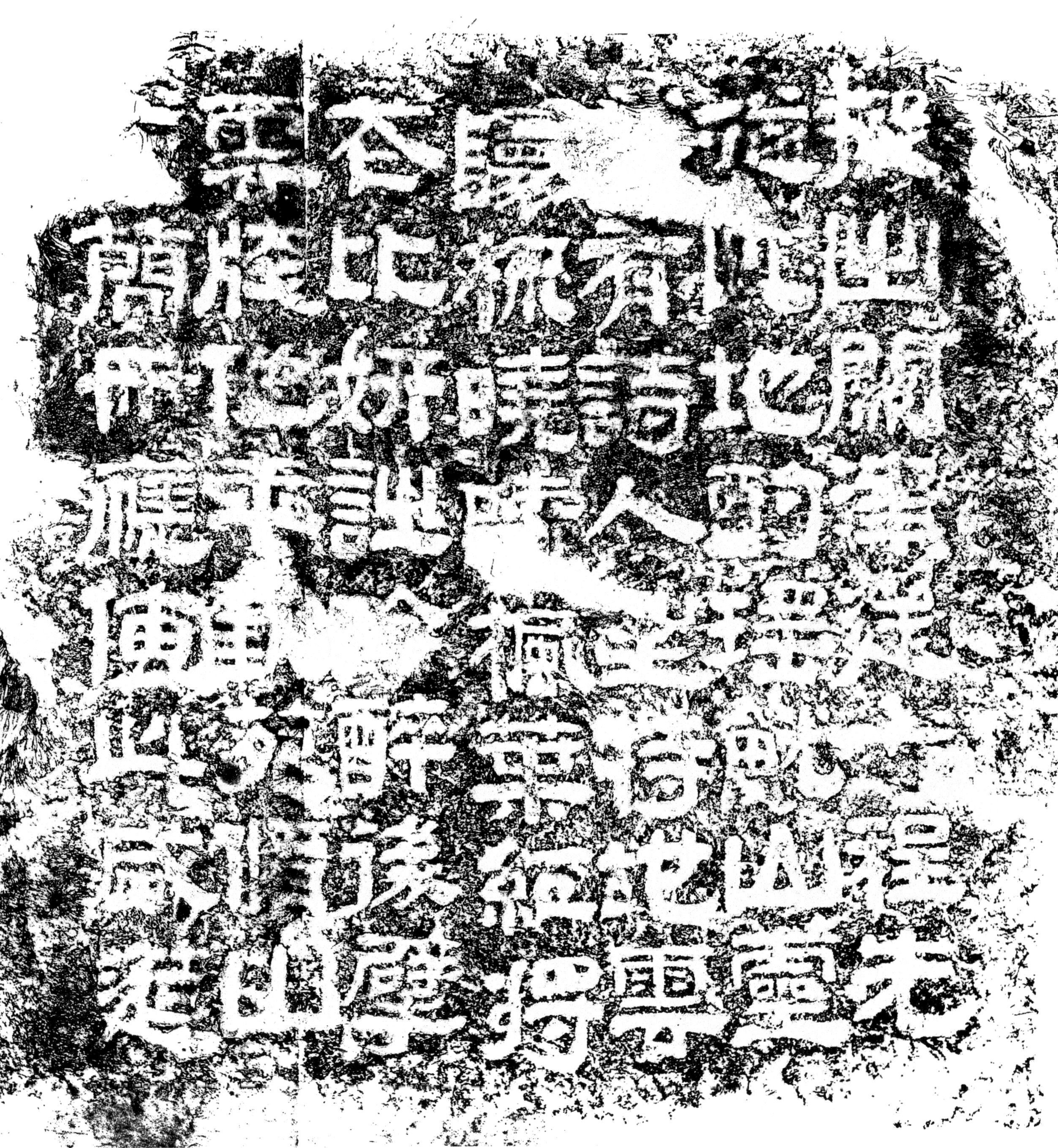

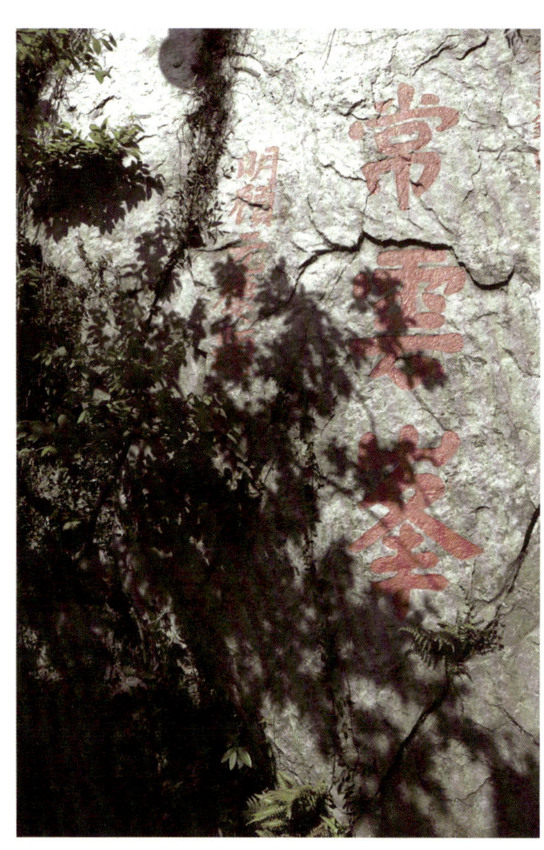

常云峰

【释文】常云峰　明顾元庆题

【尺寸】220cm×97cm

【地点】大阳山文殊寺

王鏊等游记

【释文】正德丙子四月庚申　少傅王鏊　少卿都穆　经府王铨　正术王镠　诸生顾元庆　卢恩同游

【尺寸】68cm × 80cm

【地点】大阳山文殊寺

正德丙子四月庚
申、少傅王鏊
少卿都穆
經府王銓
術王錄諸生
顧元慶、盧恩
同游

朱乔等游记

【释文】嘉靖己未　吴郡朱乔　靖江沈云　大末　董珮　长洲顾存游于此

【尺寸】70cm × 55cm

【地点】大阳山文殊寺

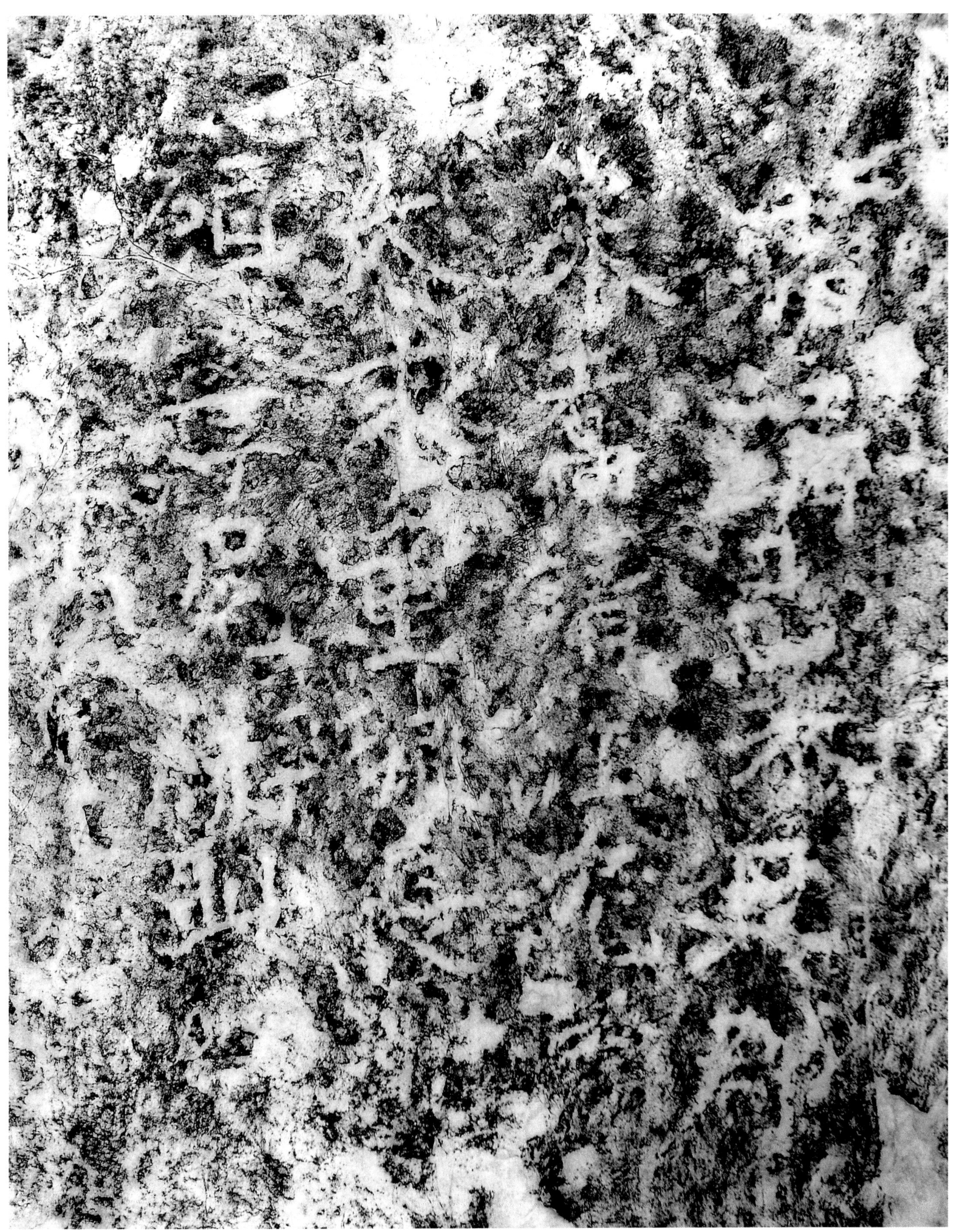

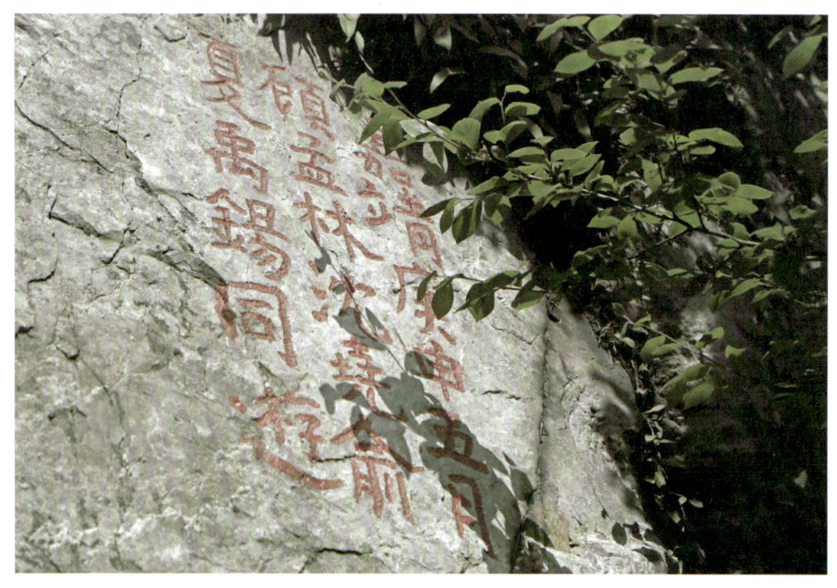

顾孟林等游记

【释文】嘉靖庚申五月　顾孟林　沈尧俞　夏禹锡同游

【尺寸】96cm × 47cm

【地点】大阳山文殊寺

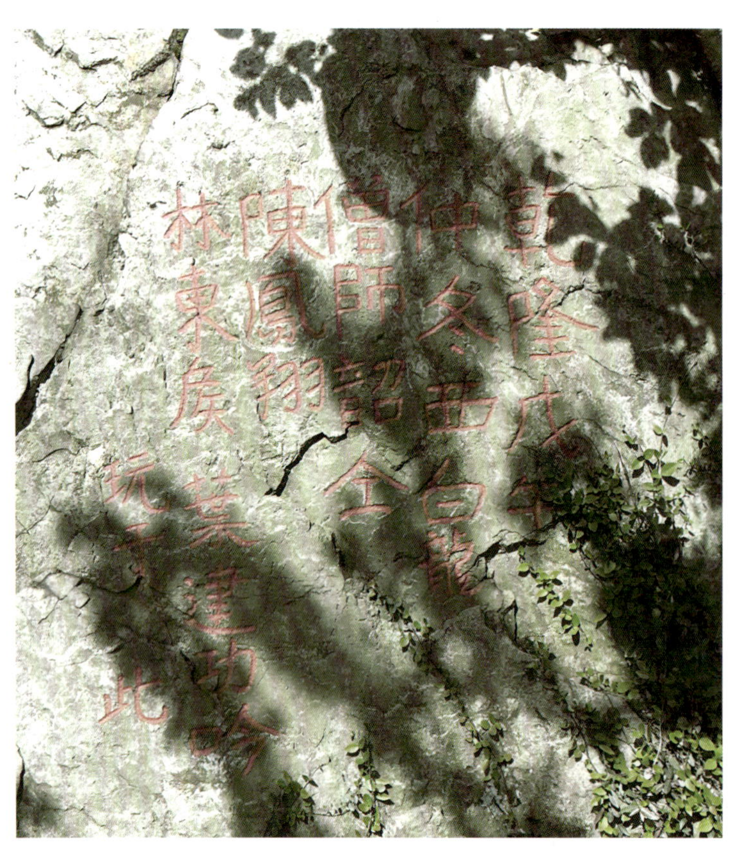

师韶等游记

【释文】乾隆戊午仲冬西白龙僧师韶仝陈凤翔　林东侯　叶建功吟玩于此

【尺寸】125cm × 95cm

【地点】大阳山文殊寺

箭缺

【释文】箭缺　李根源

【尺寸】96cm×48cm

【地点】大阳山文殊寺

李根源

顾元庆题记

【释文】嘉靖壬午九日　余方舜　江若甲君登高之纥维　时同□清明　群峰娟秀　余遂提衣振立大石之巅　注黄花之酒　平生一快事也　因识之　顾元庆　住山清旦

【尺寸】61cm×72cm

【地点】大石山

竞秀岩
【释文】竞秀岩　明顾元庆题
【尺寸】193cm × 143cm
【地点】大石山

见湖峰

【释文】见湖峰　□御锡山　司徒柳川沈弘彝题　书□乔□

【尺寸】210cm × 98cm

【地点】大石山

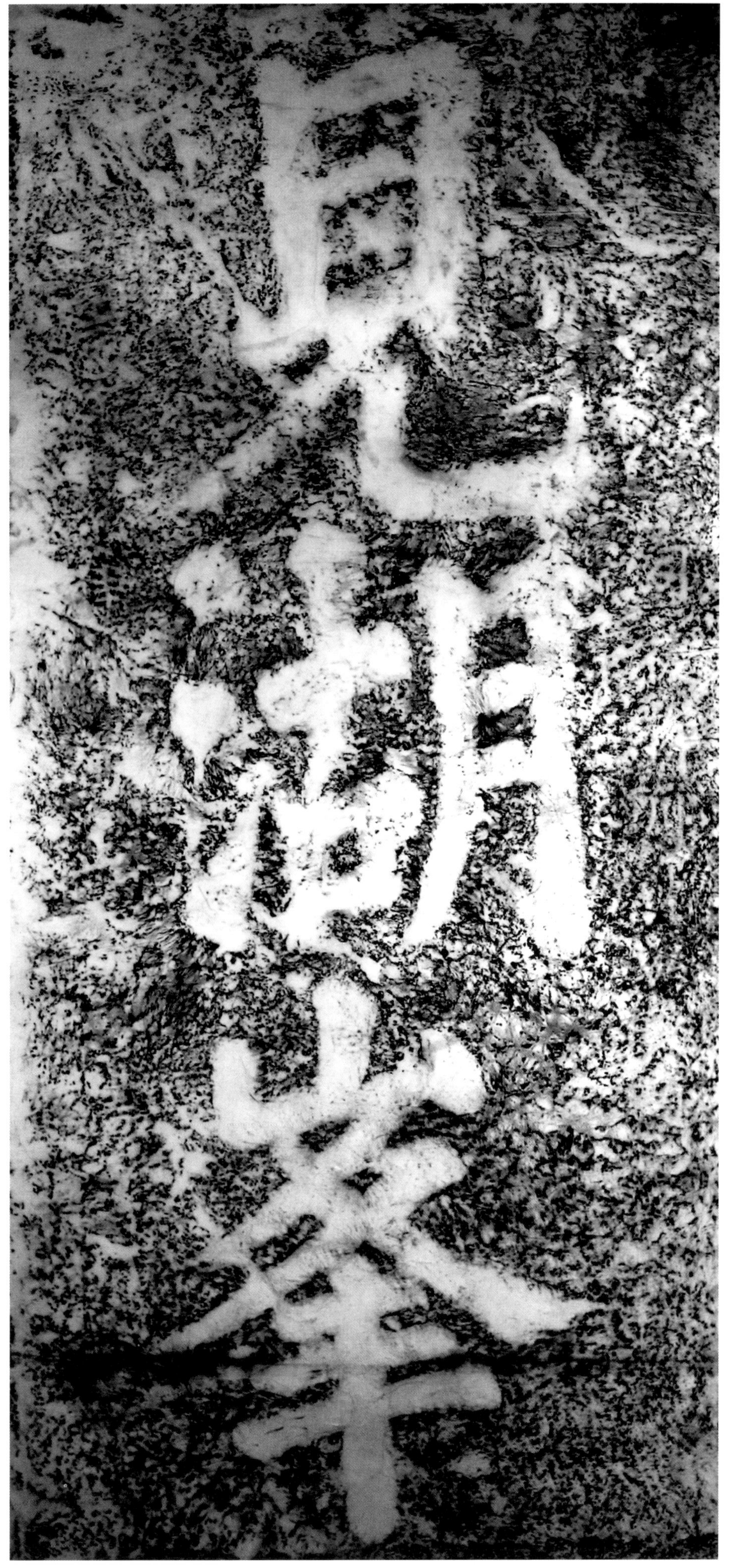

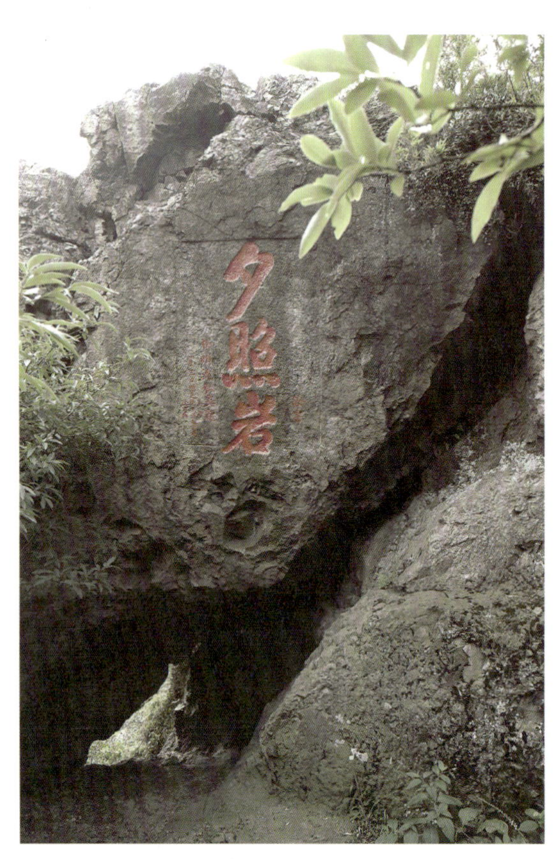

夕照岩

【释文】夕照岩　北江闻人诠书　陈人柳川沈弘彝题　壬寅夏至□□后三日　关吏马缨　陆天锡　徐可成督刻石

【尺寸】190cm×150cm

【地点】大石山

敬甫游记

【释文】嘉靖丁巳年间敬甫至此

【尺寸】54cm×36cm

【地点】大石山

仙桥

【释文】仙桥　明嘉靖壬寅陈人苏湖□□

【尺寸】98cm × 59cm

【地点】大石山

仙
橋

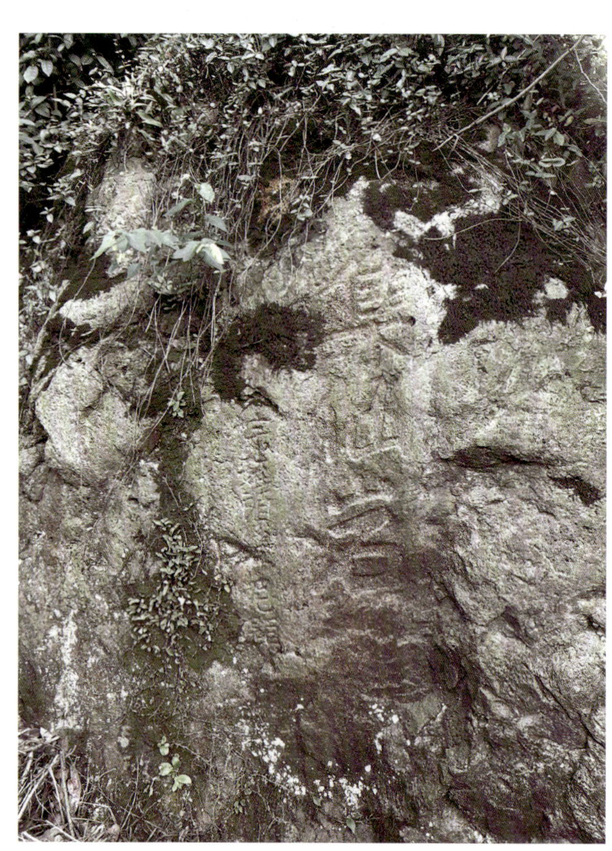

集仙岩

【释文】集仙岩　宗侄顾学泥题

【尺寸】95cm×48cm

【地点】大石山

仙砰

【释文】仙砰　明崇祯十六载三月　河南王铎书　袁枢题

【尺寸】97cm × 320cm

【地点】大石山

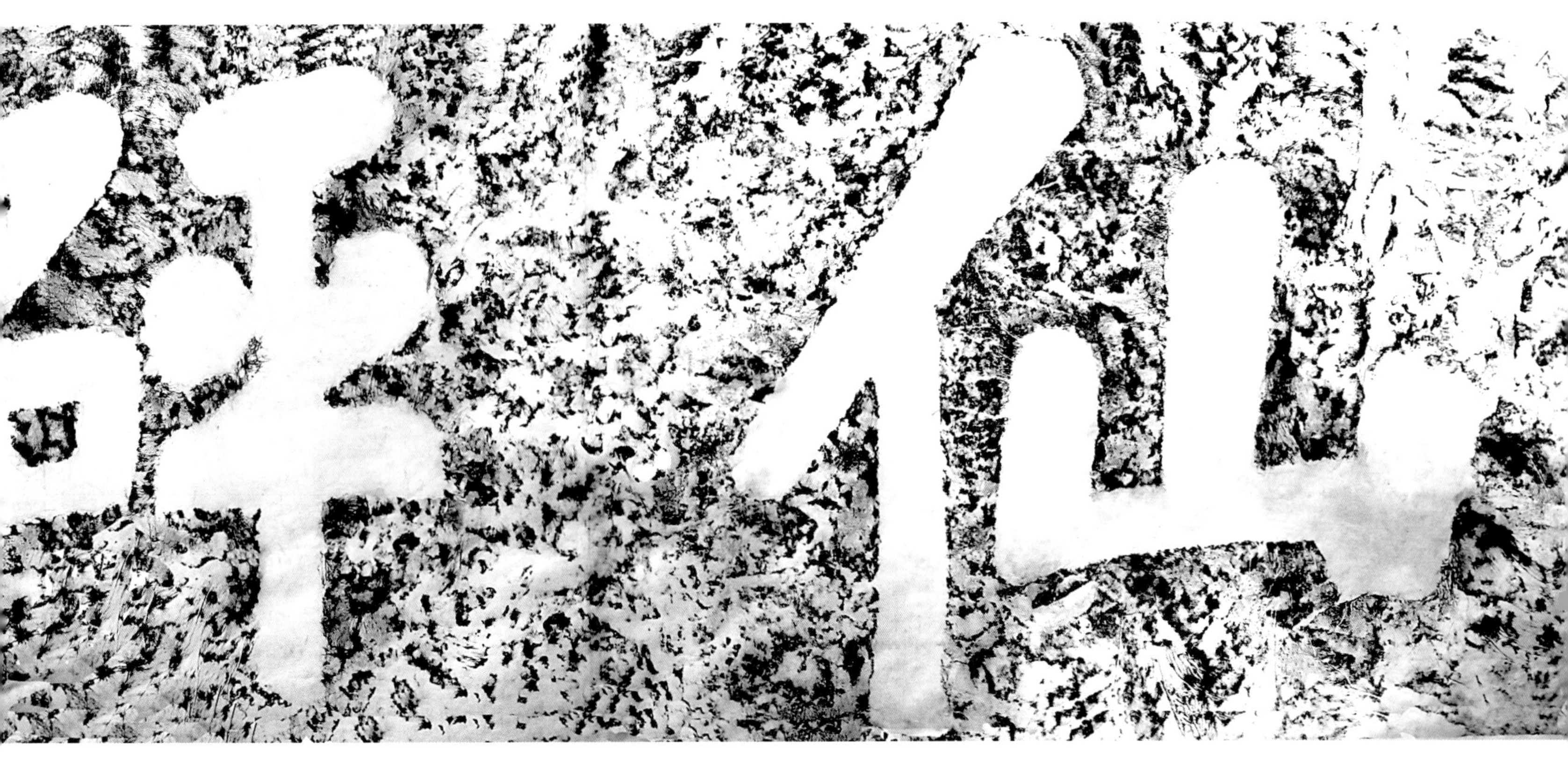

宜晚屏

【释文】宜晚屏　京口三山童扬

【尺寸】85cm×48cm

【地点】大石山

大块文章

【释文】大块文章　吴县吴荫培题　腾冲李根源书

【尺寸】125cm×74cm

【地点】大石山

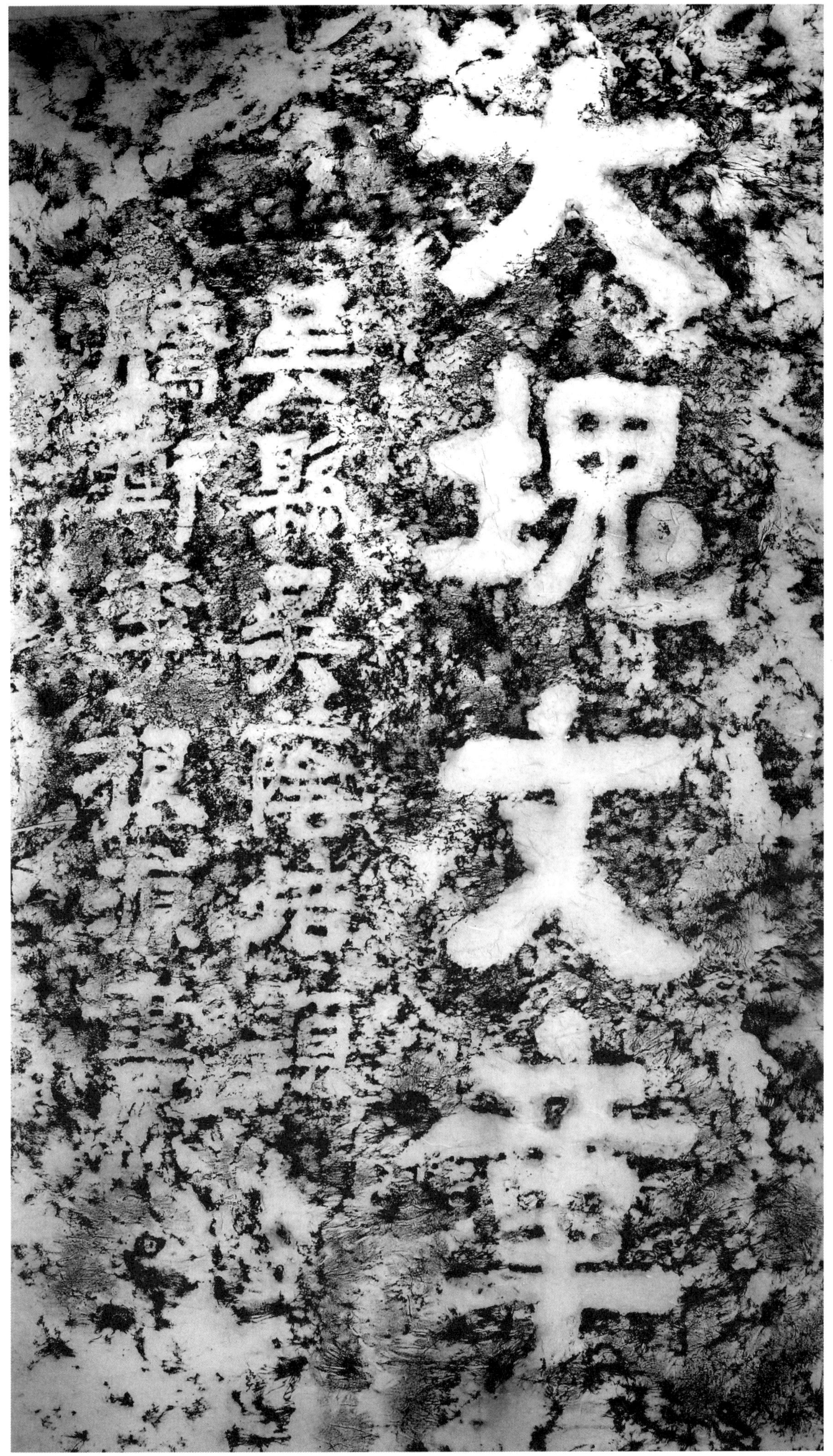

卧龙

【释文】卧龙

【尺寸】70cm×90cm

【地点】狮山南麓

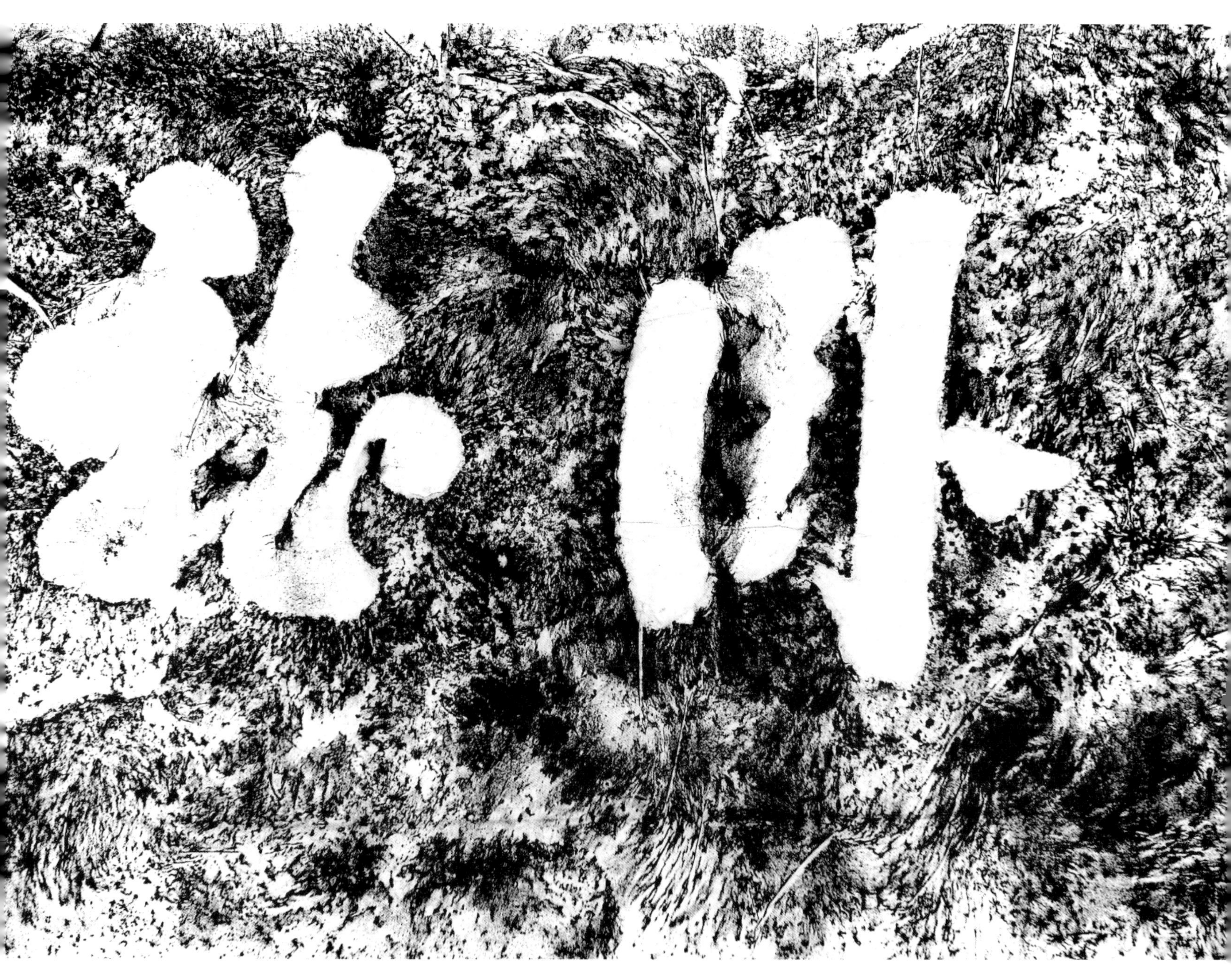

余君吉穴

【释文】浙江处州龙泉余君达买吉地穴在中

【尺寸】95cm × 49cm

【地点】狮山山巅

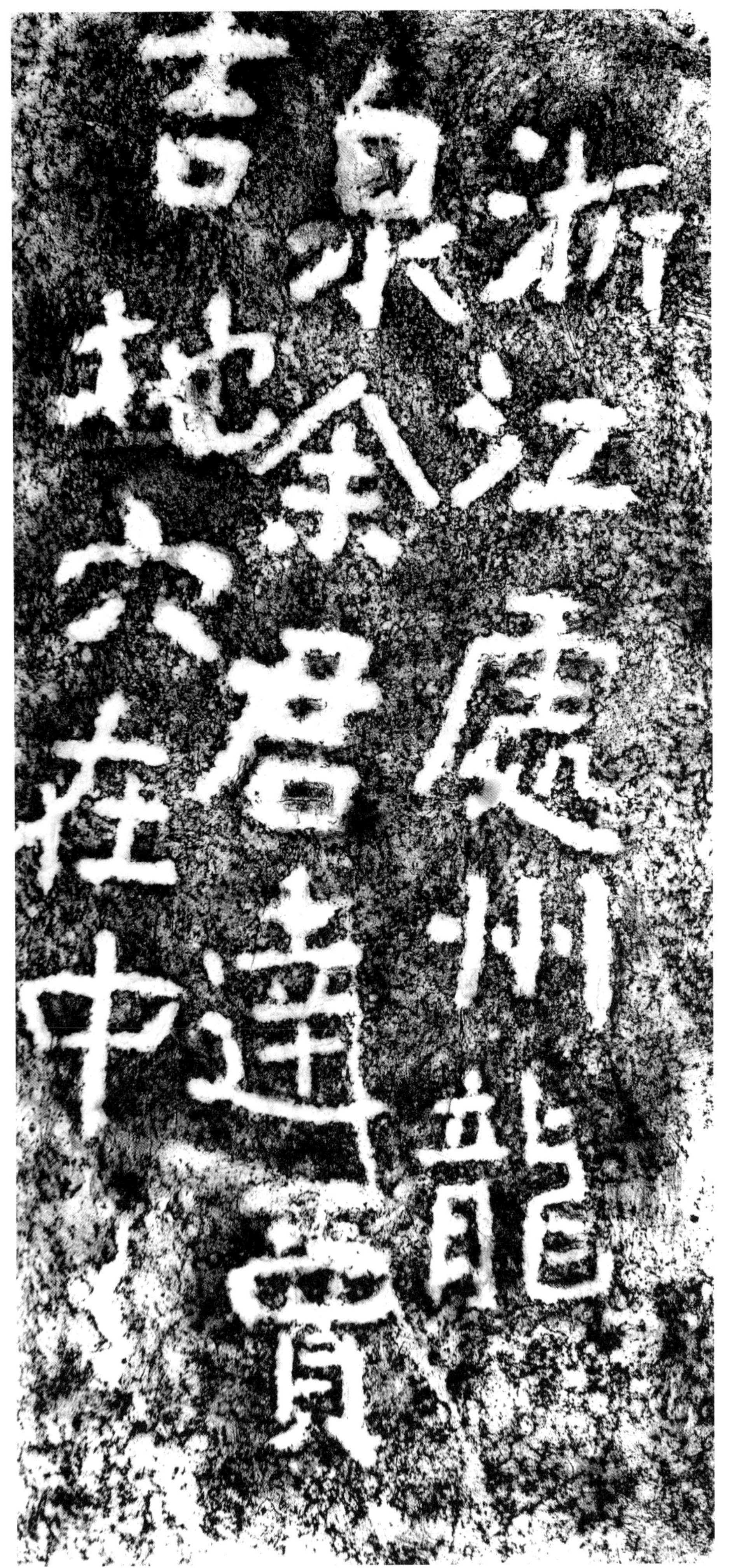
浙江處州龍
泉余居達賣
吉地穴在中

洗心泉

【释文】洗心泉　道光十九年二月住持通颠　云艇慎宗源书

【尺寸】103cm×200cm

【地点】狮山半山

道光十九年二月
住持通顯
洗心泉
宗源書

苍公遗蜕

【释文】苍公遗蜕　民国丙寅秋　吴荫培题刊

【尺寸】155cm × 80cm

【地点】支硎山

民國丙寅秋

苍雪简介

【释文】南来彻大师　讳读彻　字苍雪　云南呈贡人　复兴中峰寺者也　著《南来堂集》　钱谦益为撰塔铭　民国十五年四月乡后学李根源题志

【尺寸】60cm×125cm

【地点】支硎山

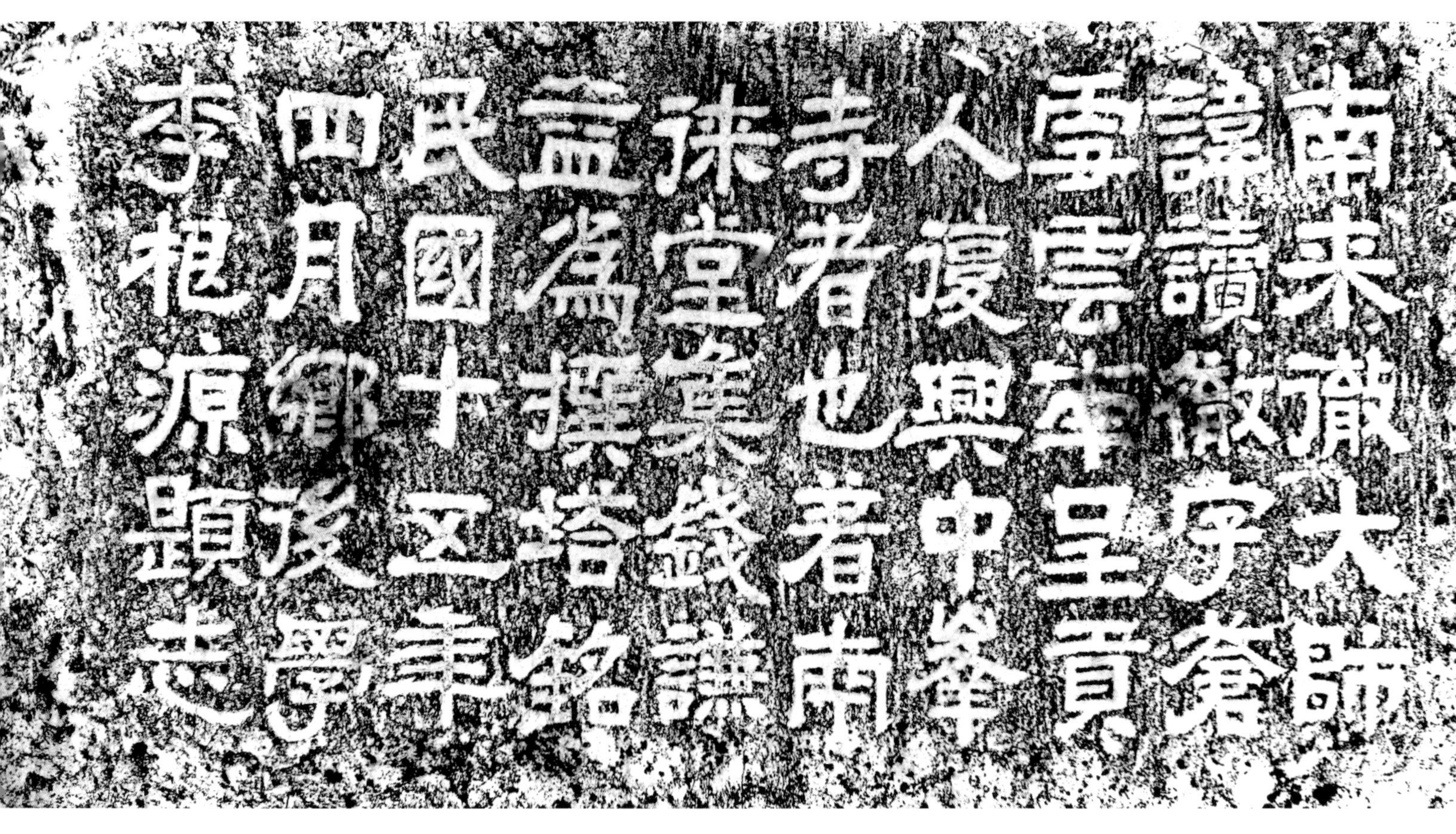
南來徹大師
諱讀徹字蒼
雪雲南呈貢
人復興中峰
寺者也著南
來堂集錢謙
益為撰塔銘
民國十五年
四月鄉後學
李根源題志

南来堂

【释文】南来堂　李根源书

【尺寸】92cm × 40cm

【地点】支硎山

南來堂
李根源書

阳阿

【释文】阳阿　万历乙未潘朔题

【尺寸】80cm × 95cm

【地点】寒山岭法螺寺

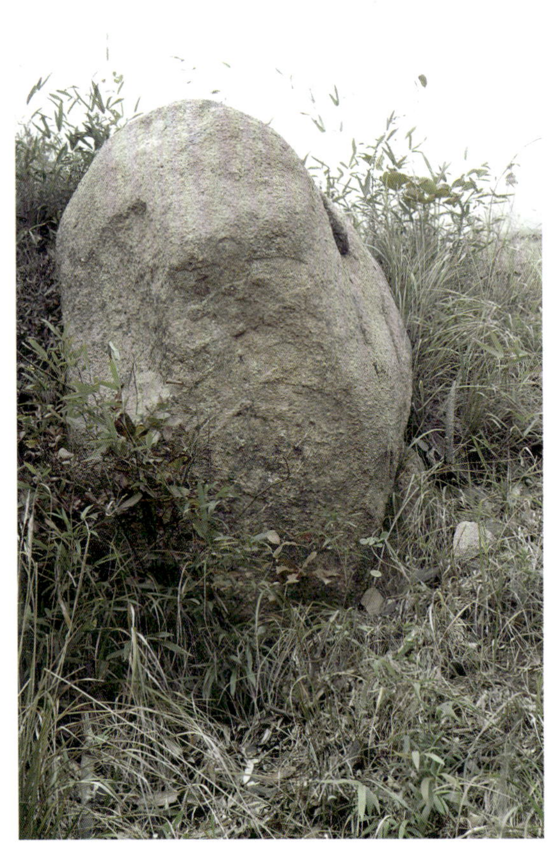

寒山

【释文】寒山

【尺寸】110cm×50cm

【地点】寒山岭法螺寺

『泉出寒山寒』诗

【释文】泉出寒山寒　秀分支硎支　昔游曾未到　名则常闻之　烟峦欣始遇　林壑诚幽奇　应接乃不暇　而尽澄神思　庭前古干梅　春华三两枝　孰谓宦光住　斯人宁非斯　乾隆丁丑仲春御笔

【尺寸】320cm×180cm

【地点】寒山岭法螺寺

乾隆丁丑仲春御筆

蜿延壑

【释文】蜿延壑　丙子春末

【尺寸】60cm×120cm

【地点】寒山岭

赵含元诗

【释文】奔泉静注千寻壑　飞瀑晴回万仞峰　赵含元先生题拂水岩诗　其子颐光移勒此山　王穉登书　万历庚子地□刻

【尺寸】185cm×90cm

【地点】寒山岭

千尺雪
【释文】千尺雪
【尺寸】110cm × 60cm
【地点】寒山岭

『支硎一带连寒山』诗

【释文】支硎一带连寒山　山下出泉为寒泉　淙淙幽幽赴溪壑　跳珠溅玉多来源　土人区分称各别　岂能一一征名诠　兰椒策马寻幽胜　山水与我果有缘　就中宦光好事者　引泉千尺注之渊　泉飞千尺雪千尺　小篆三字铭云峦　名山子孙真不绝　安在舍宅资福田　盘陀坐对清万虑　得来曾有诗亦然　雪香在梅色在水　其声乃在虚无间　题寒山千尺雪长句　乾隆辛未仲春御笔

【尺寸】90cm × 70cm

【地点】寒山岭

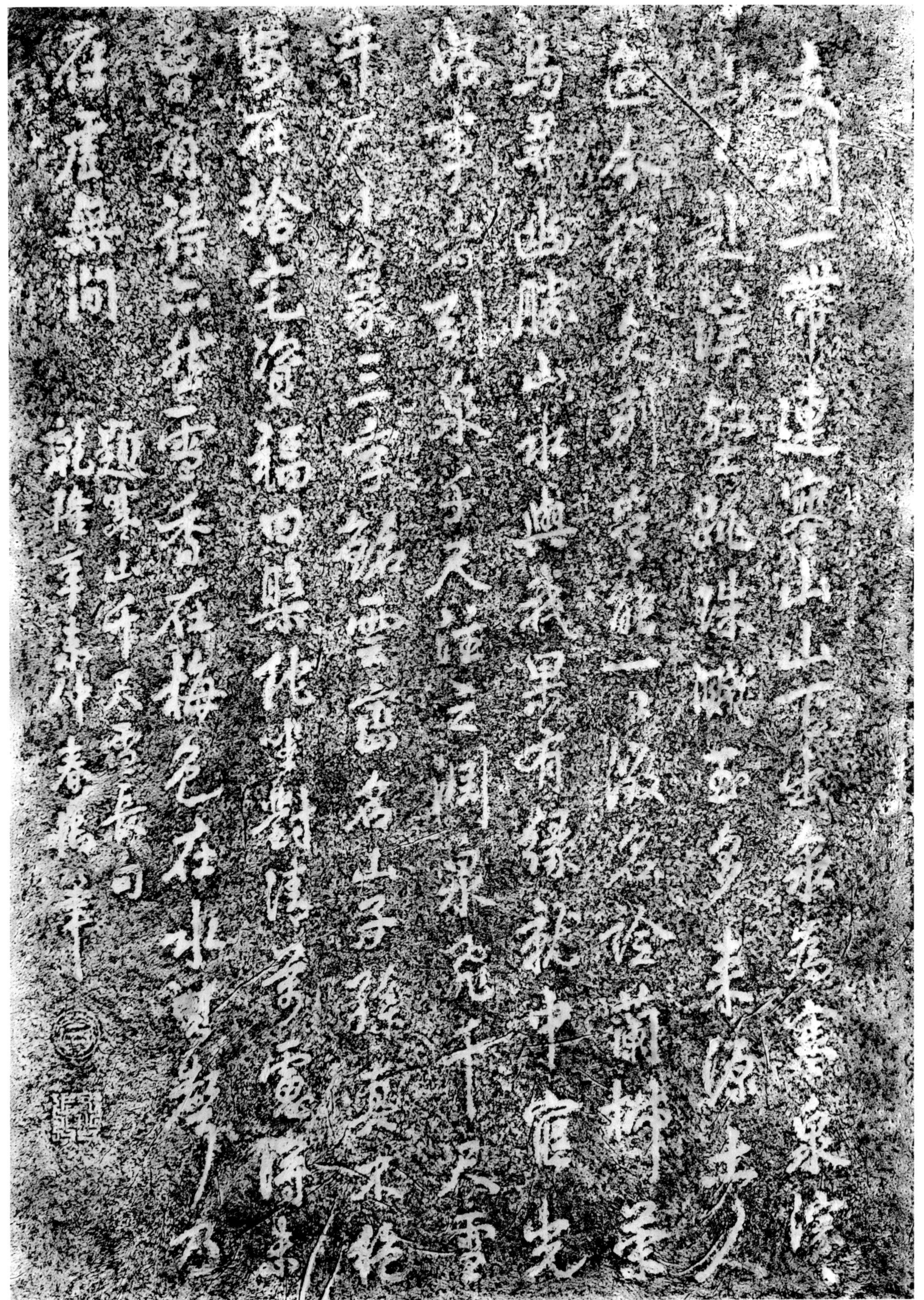

正德题记

【释文】正德庚午六月偶搜去土　得此真景　因自谓水石山人以识喜　遂勒纪之

【尺寸】60cm × 80cm

【地点】花山

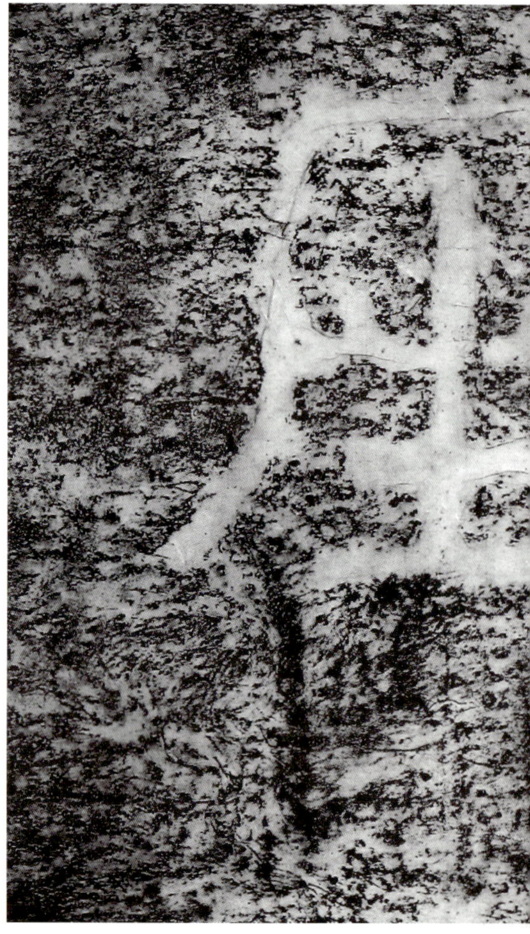

仙人座

【释文】仙人座

【尺寸】32cm × 74cm

【地点】花山

铁壁关

【释文】铁壁关

【尺寸】42cm×132cm

【地点】花山

布袋

【释文】布袋

【尺寸】60cm × 40cm

【地点】花山

百步潺湲

【释文】百步潺湲

【尺寸】185cm×65cm

【地点】花山

贺九岭岭名由来

【释文】志载吴王登此贺重九　故以名岭云

腾冲李根源游山宿此　住持道人蔡雍属书摩岩　民国十八年

【尺寸】140cm × 96cm

【地点】贺九岭

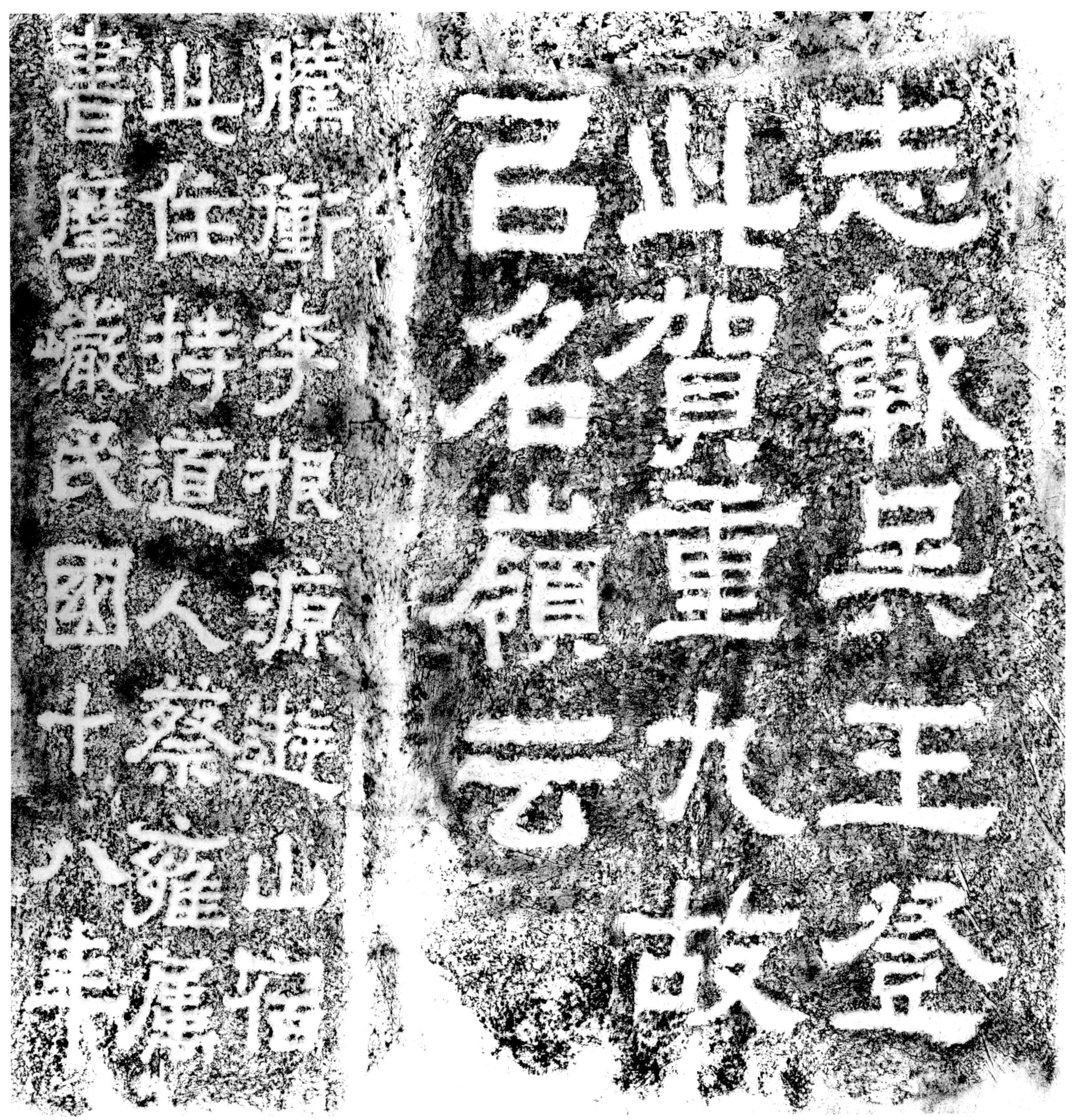
志歎吳王登
此賀重九故
已名嶺云
騰衝李根源遊山宿
此偕持道人蔡羅庵
書摩巖民國十八年

天马徕

【释文】天马徕　民国二十年十月偕李根源　王謇　丁南洲自阳山来游　道人蔡雍属题　张一麐并记

【尺寸】155cm×149cm

【地点】贺九岭

民國二十年十月
屬題張一麐
並記

拱辰台

【释文】拱辰台　李根源书

【尺寸】105cm × 95cm

【地点】贺九岭

高真别宇

【释文】高真别宇　毛绍美题

【尺寸】92cm×38cm

【地点】贺九岭

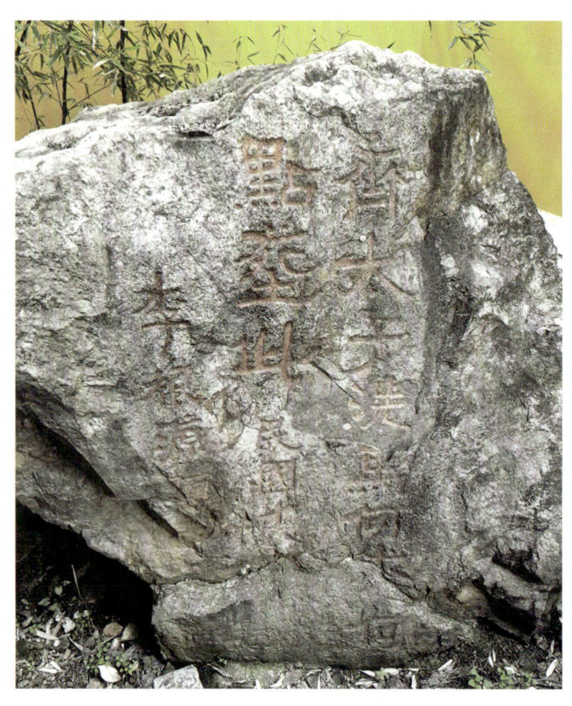

何山山名由来

【释文】齐太子洗马何求何点葬此　民国十八年李根源题

【尺寸】128cm×70cm

【地点】何山

齊大子洗馬何
點臺此
民國
李根源

寿星岩

【释文】寿星岩　赵宧光

【尺寸】180cm×90cm

【地点】白马涧

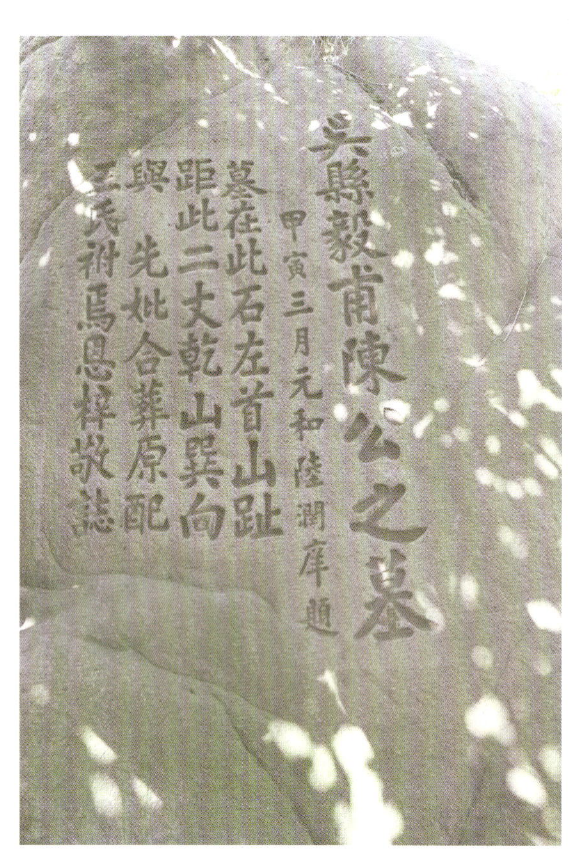

陈毅甫墓

【释文】吴县毅甫陈公之墓　甲寅三月元和陆润庠题　墓在此石左首山趾　距此二丈乾山巽向　与先妣合葬　原配王氏祔焉　恩梓敬志

【尺寸】180cm × 95cm

【地点】白马涧

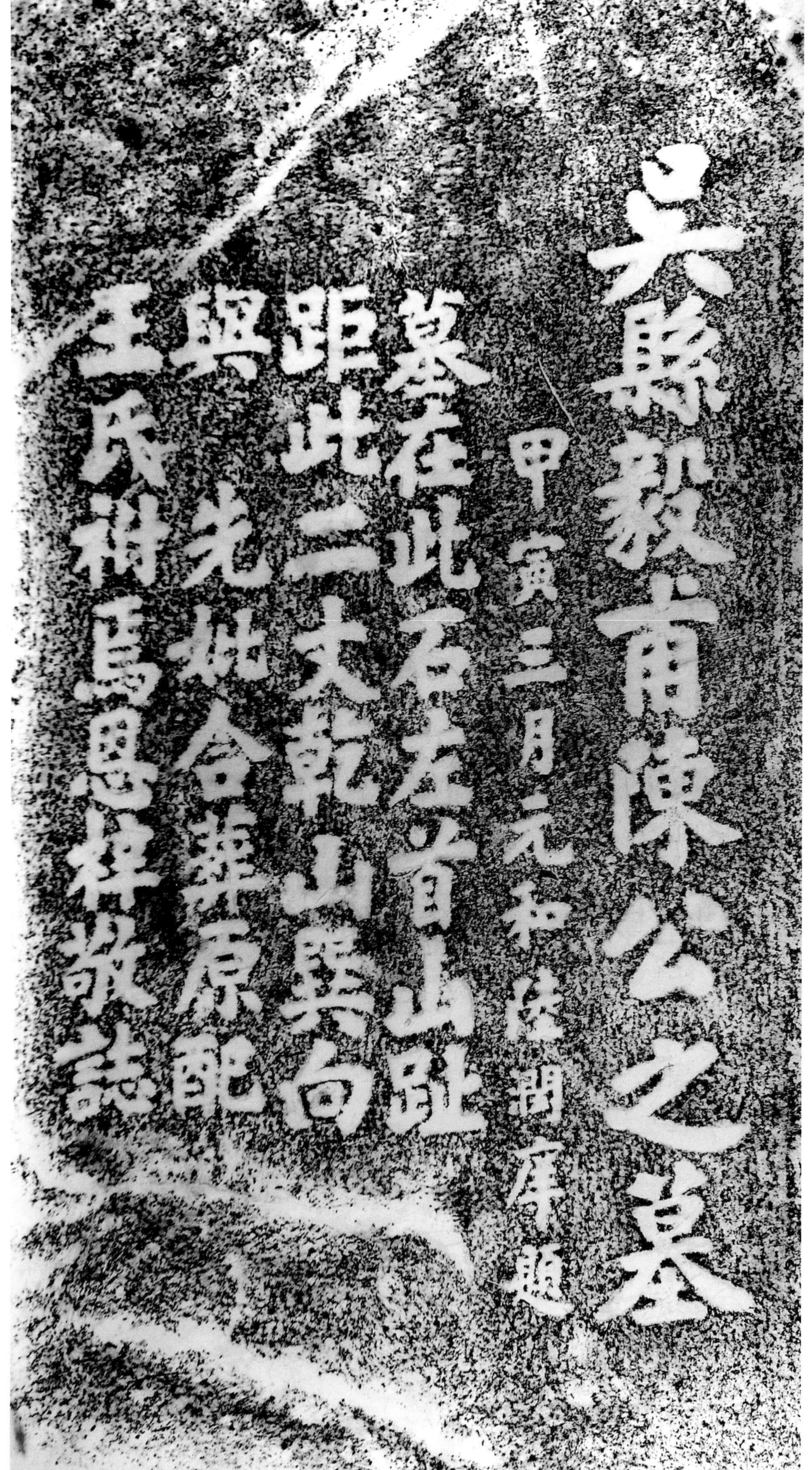
六縣教甫陳公之墓
甲寅三月元和陸潤庠題
墓在此此石左首山趾
距此二丈乾山巽向
與先妣合葬原配
王氏祔焉恩梓敬誌

碑刻

横塘驿联

【释文】客到烹茶旅舍权当东道

灯悬待月邮亭远映胥江

同治十五年六月吉立

【尺寸】222cm × 66cm × 2

【地点】胥江与大运河交界处横塘驿亭

客到烹茶旅舍權當東

懸倚月郵亭遠映胥江

申时行墓赐茔碑

【释文】赐茔

明太师申文定公神道

【尺寸】405cm×125cm

【地点】上方山麓申时行墓

明太師申文定公神道

申时行墓恩恤碑

【释文】恩恤

万历四十二年九月二十一日礼部署部事礼部右侍郎兼翰林院侍读学士臣何宗彦谨题为病故大臣事祠祭清吏司案呈奉本部送礼科抄出总理粮储提督军务兼巡抚应天等府地方都察院右佥都御史徐民式题称本年七月二十二日据苏州府吴县申称本县乡官少师大学士申时行于本月十九日以疾卒拟合申报等因到臣该臣看得原任少师申时行熙朝硕辅昭代宗工本年寿跻八旬见蒙遣官存问诚海宇之具瞻而圣明之眷注者也今既考终相应题报等因奉圣旨元辅申时行辅政多年勋劳茂著朕眷怀旧德方举存问之典遽尔沦逝深恻朕衷应得恤典该部便从优查例来看钦此又该巡按直隶监察御史薛贞题同前事奉圣旨已有旨了该部知道钦此钦遵通抄到部送司查得大明会典并　恤典条例内开凡一品官病故者祭九坛及万历十三年十月内少师大学士张四维在籍病故该本部题奉圣旨是准照例与祭仍加祭四坛差官造葬还与他谥钦此又查得万历二十九年九月内少傅大学士赵志皋在任病故该本部题奉圣旨是赵志皋为朕首辅弼亮多年准照与祭葬仍加祭四坛差官护送还乡还与他谥钦此又查得万历三十六年十一月内少保大学士朱赓在任病故该本部题奉圣旨是朱赓原系讲官又居首辅启沃赞襄勤劳茂著准照例与祭葬仍加祭四坛差官护送还乡还与他谥钦此又查得万历三十九年三月内少保大学士王锡爵在籍病故该本部题奉圣旨是王锡爵位居首辅功懋赞襄准照例与祭仍加祭四坛开圹合葬还与他谥钦此今该前因通查案呈到部看得原任少师兼太子太师吏部尚书中极殿大学士申时行在籍病故除赠荫移咨吏部施行及辍朝日期另题外合照例与祭九坛恭候命下行翰林院撰祭文直隶苏州府转属支给官钱买办祭品香烛纸就追本府掌印官致祭及行工部应付棺木差官造坟安葬为照本官翼翼小心休休雅量蔚菁华于史馆文足经邦摅启沃于经帏忠存捧日晋参大政益受王知属前车锲急之余崇宽和以培元气圣世雍熙之会广忠益以佐太平间或密勿之维持不在口苦至于国本之羽翼已悉心劳鼎鼐之业方隆泉石之思屡动乞骸再四上罔以宠利居成功归休廿四年岂以江湖忘君父懿行允孚型范硕德频荷温存名久重于洛耆身忽乘乎箕宿逮圩疾棘之谢疏尤笃倾葵之素心宜有殊恩用光元辅所据加祭坛数与赐谥易名在往昔已有彝章况从优奉有明旨但恩典出自朝廷臣等未敢擅便伏乞圣明裁定敕下本部钦遵施行谨题请旨

计开

一祭文　闻丧文　首七文　一七文　三七文　四七文　五七文　六七文　七七文　百日文　期年文　下葬文　再期文　禫除文　共十三道

一祭品　猪一口　羊一腔　馒头五分　粉汤五分　果子五色每色五斤　按酒五盘　凤鸡一只　煠骨一块　煠鱼一尾　酥饼酥锭各四个　鱼汤一分　鸡汤一分　降真香一炷　烛一对重一斤　焚祝纸一百张　酒二瓶　共十三坛

本月二十五日奉圣旨是申时行久居首辅功懋赞襄准照例与祭仍加祭四坛差官造葬还与他谥钦此

【尺寸】300cm × 110cm

【地点】上方山麓申时行墓

申时行墓特恩赠谥碑

【释文】特恩赠谥

万历四十二年十月初九日工部署部事工部右侍郎臣林如楚谨题为病故大臣事屯田司案呈奉本部送进礼部咨该本部题礼科抄出总理粮储提督军务兼巡抚应天等府地方都察院右佥都御史徐民式题前事奉圣旨元辅申时行辅政多年勋劳茂著朕眷怀旧德方举存问之典遽尔沦逝深恻朕衷应得恤典该部便从优查例来看钦此又该巡按直隶监察御史薛贞题同前事奉圣旨已有旨了该部知道钦此钦遵通抄到部送司该本部遵奉优旨查例覆请奉圣旨是申时行久居首辅功懋赞襄准照例与祭仍加祭四坛差官造葬还与他谥钦此钦遵咨部送司查得正德六年六月内该本部为审时省礼以宽民力事议得大臣病故照依今定后开价值转行有司措给丧家自行造葬不必差官中间果有功德昭彰闻望素著曾历边务建立奇功　经帏纂修效劳年久者照例差官造葬俱听本部临时斟酌奏请定夺题奉武宗皇帝圣旨是造坟开圹工料价银则例都准拟行钦此已经通行钦遵在卷今该前因查呈到部看得原任少师兼太子太师吏部尚书中极殿大学士申时行系一品文官造坟工价例应全给为照本官箕昴元精苞符间气德业　三朝柱石品格无双文章一代斗山科名不忝　讲帷论思效勚非尧舜不敢陈储闱翼戴宣劳安社稷以为悦位綦崇于纳麓心转小于循墙临大节不激不随忍能有济镇群情有容有别允执其中成堂陛明良喜起之交养海宇清静和平之福功成而身遂退五湖浮范伯之舟祉备而齿弥高百辟望姬公之衮逮存　赐问方快睹乎　特恩闻讣辍朝倏兴嗟于遗表诸凡予恤式备荣哀若夫给秘器于东园开新阡于起冢掌在本部例遣专官盖圣明褒德悯劳之异数所以隆崇硕辅而优宠元臣者也既经该司案呈前来随查本部司属官员各有差占不敷委用行准那部咨送陕西清吏司员外郎刘默到部堪以　差委相应题请恭候　命下部本部照例给批定限移咨行兵部应付本官前去直隶苏州府比号相同着落当该官吏将合用造坟工价银两照依后关拟定数目派办征给丧家该府堂上官一员会同本部差官前去造坟处所依督理造坟毕日备将给过银两数目造册　奏缴仍具数报部查考等因

计开

已故大学士申时行系一品文官该造坟工料□三百两夫匠两百名每名出银一两通共该银五百两棺木一副

本月十三日奉圣旨是钦此

【尺寸】305cm × 110cm

【地点】上方山麓申时行墓

申时行墓敕葬碑

【释文】敕葬

万历四十二年十月初十吏部尚书郑继之等谨题为病故大臣事验封清吏司案呈奉本部送准礼部咨开原任少师兼太子太师吏部尚书中极殿大学士申时行在籍病故请给赠荫等因咨部送司查得弘治四年五月内为比例乞　恩赠荫事节奉孝宗皇帝圣旨今后有乞恩赠谥的恁部里还要斟酌可否来说务合公论不许一概徇情比例滥请该部记着钦此及检照诸司职掌文官一品至五品照依生前散官果有功迹合加封者例与加赠又查万历十三年十二月内准礼部咨开原任少师兼太子太师吏部尚书中极殿大学士张四维在家病故请给赠荫等因该本部覆题奉圣旨张四维准赠太师荫一子做尚宝司司丞钦此又查得万历二十九年九月内准礼部咨开少傅兼太子太傅吏部尚书建极殿大学士赵志皋在任病故请给赠荫等因该本部覆题奉圣旨赵志皋准赠太傅还荫一子与做尚宝司司丞钦此又查得万历三十六年十二月内准礼部咨开少保兼太子太保吏部尚书文华殿大学士朱赓在任病故请给赠荫等因该本部覆题奉圣旨朱赓准赠太保还荫一子与做尚宝司司丞钦此又查得万历三十九年六月内准礼部咨开原任少保太子太保吏部尚书建极殿大学士王锡爵在家病故请给赠荫等因该本部覆题奉圣旨王锡爵准赠太保还荫一子与做尚宝司司丞钦此钦遵今该前因通查案呈到部看得礼部咨开原任少师兼太子太师吏部尚书中极殿大学士申时行在家病故请给赠荫一节为照本官舍弘光大静正宽和早参国论有吕文穆之调剂逮秉元枢若王沂公之镇定遂释日中之重负却从云表之高踪三十年洛社再沐　恩存八十载星精永归南极此诚治世福臣　熙朝完德者也既经礼部移咨再来所有赠荫相应照例题　请但恩典出自　朝廷臣等未敢擅便伏候　圣裁谨题请旨　本月十四日奉圣旨申时行准赠太师荫一子与做尚宝司司丞钦此

本年十一月初二日吏部尚书郑继之等谨题为病故大臣事该本部题验封清吏司案呈奉本部送准礼部咨开原任少师兼太子太师吏部尚书中极殿大学士申时行在家病故请给赠荫等因该部覆题节奉圣旨申时行准赠太师钦此钦遵今该前因通查案呈到部看得本官例应给与诰命合行翰林院撰文中书舍人关轴书写臣等未敢擅便开坐谨题请旨　计撰述　原任少师兼太子太师吏部尚书中极殿大学士申时行今赠太师诰命一轴　本月初六日奉圣旨是

【尺寸】305cm×124cm

【地点】上方山麓申时行墓

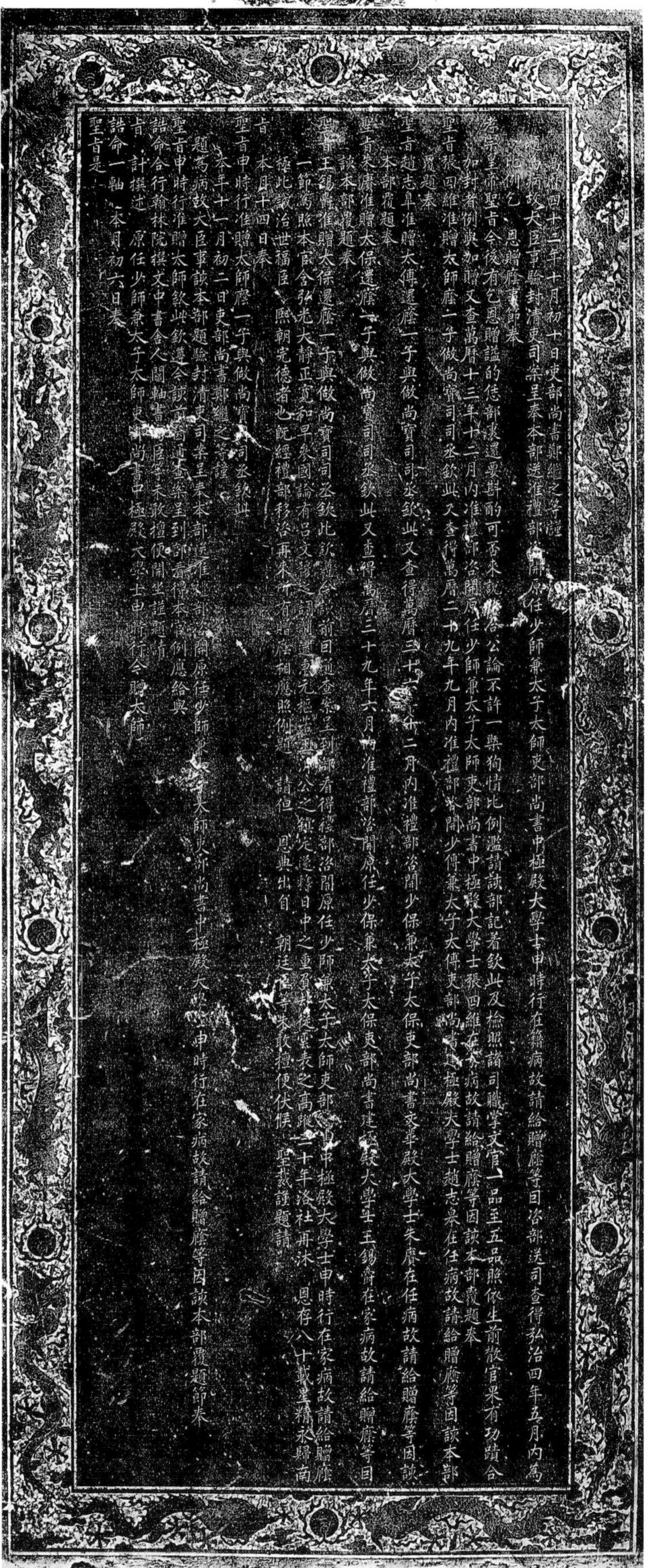
萬曆四十二年十月初十日吏部尚書鄭繼之等謹
題為病故大臣事驗封清吏司案呈奉本部送准禮部咨開原任少師兼太子太師吏部尚書中極殿大學士申時行在籍病故請給贈廕等因咨部送司查得弘治四年五月內為
比例乞恩贈廕事節奉
孝宗皇帝聖旨今後有乞恩贈謚的悉都[illegible]還要斟酌可否來說務合公論不許一槩狥情比例濫請該部記着欽此及檢照諸司職掌文官一品至五品照依生前散官果有功蹟合
加封者例與加贈又查萬曆十三年十二月內准禮部咨開原任少師兼太子太師吏部尚書中極殿大學士張四維在籍病故請給贈廕等因該本部覆題奉
聖旨張四維准贈太師廕一子做尚寶司司丞欽此又查得萬曆二十九年九月內准禮部咨開少傅兼太子太傅吏部尚書建極殿大學士趙志皋在任病故請給贈廕等因該本部
覆題奉
聖旨趙志皋准贈太傅還廕一子與做尚寶司司丞欽此又查得萬曆三十七年[illegible]二月內准禮部咨開少保兼太子太保吏部尚書文華殿大學士朱賡在任病故請給贈廕等因該
本部覆題奉
聖旨朱賡准贈太保還廕一子與做尚寶司司丞欽此又查得萬曆三十九年六月內准禮部咨開原任少保兼太子太保吏部尚書建極殿大學士王錫爵在家病故請給贈廕等因
該本部覆題奉
聖旨王錫爵准贈太保還廕一子與做尚寶司司丞欽此欽遵今該前因通查案呈到部看得禮部咨開原任少師兼太子太師吏部尚書中極殿大學士申時行在家病故請給贈廕
一節為照本官含弘光大靜正寬和早參國論有呂文穆之詞翊運秉元樞[illegible]公之鎮定遂將日中之重爭從雲表之高蹤二十年洛社再沐恩存八十載星精永歸南
極比誠治世福臣熙朝完德者也既經禮部移咨再來所有贈廕相應照例題請但恩典出自朝廷臣等未敢擅便伏候聖裁謹題請
旨本月十四日奉
聖旨申時行准贈太師廕一子與做尚寶司司丞欽此
本年十一月初二日吏部尚書鄭繼之等謹
題為病故大臣事該本部題驗封清吏司案呈奉本部送准禮部咨開原任少師兼太子太師吏部尚書中極殿大學士申時行在家病故請給贈廕等因該本部覆題節奉
聖旨申時行准贈太師欽此欽遵今該前因通查案呈到部看得本官例應給與
誥命合行翰林院撰文中書舍人關軸書寫臣等未敢擅便開坐謹題請
旨計撰述原任少師兼太子太師吏部尚書中極殿大學士申時行今贈太師
誥命一軸本月初六日奉
聖旨是

申时行墓谕祭碑

【释文】谕祭

维　万历四十三年正月戊申朔越十六日癸亥皇帝遣直隶苏州府知府陈讦谟谕祭原任少师兼太子太师吏部尚书中极殿大学士赠太师谥文定申时行曰惟卿生秉岳灵　世瑞黄扉佐政聿隆参赞之勋绿野怡神载举眷存之典倏焉乘化竟赴修文俄惊首七之临用锡庶羞之

二七　三七　四七　五七　六七　七七　百日文同

维　万历四十三年七月丙午朔越二十六日辛未皇帝遣直隶苏州府知府陈讦谟谕祭原任少师兼太子太师吏部尚书中极殿大学士赠太师谥文定申时行曰惟卿功茂阿衡年跻大耋东山望峻方期霖雨之施南极辉沉忽遘龙蛇之厄时序云迈奄及期年渐远仪刑宜申祭奠

再期　禫除文同

维　万历四十四年七月己巳朔越初五日癸酉皇帝遣直隶苏州府知府陈讦谟谕祭原任少师兼太子太师吏部尚书中极殿大学士赠太师谥文定申时行曰惟卿业懋赞襄道弘康济当衡喜起勋久著于严廊洛社耆英望益隆于泉石溘焉朝露遽返夜台俎豆崇加幽冥歆格

【尺寸】306cm × 113cm

【地点】上方山麓申时行墓

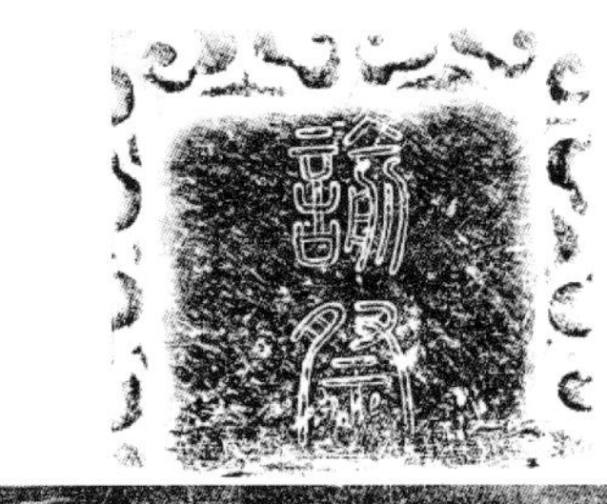

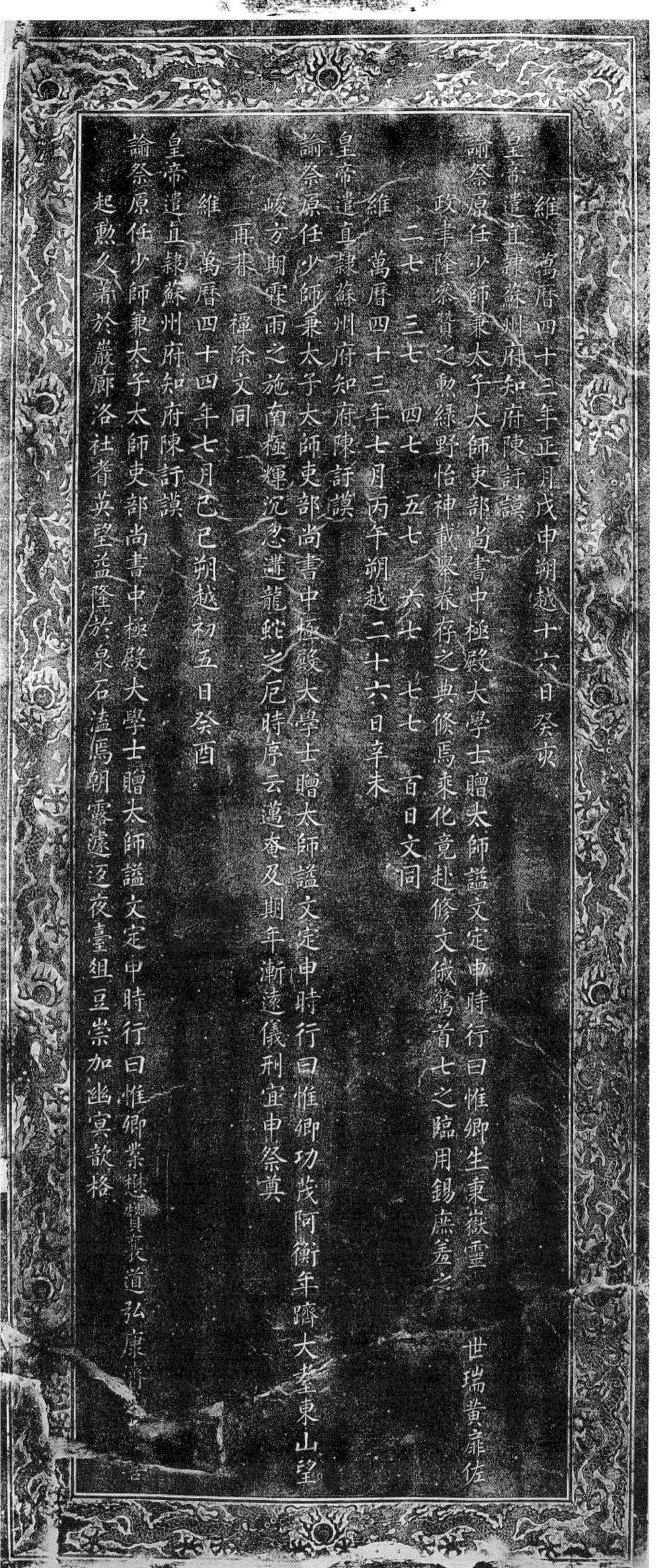

維萬曆四十三年正月戊申朔越十六日癸亥
皇帝遣直隸蘇州府知府陳訏謨
諭祭原任少師兼太子太師吏部尚書中極殿大學士贈太師謚文定申時行曰惟卿生東嶽靈　世
政手隆參贊之勳綠野怡神載紫眷存之典倏焉秉化竟赴修文儀鸞首七之臨用錫庶羞之　瑞黃扉佐
二七　三七　四七　五七　六七　七七　百日文同

維萬曆四十三年七月丙午朔越二十六日辛未
皇帝遣直隸蘇州府知府陳訏謨
諭祭原任少師兼太子太師吏部尚書中極殿大學士贈太師謚文定申時行曰惟卿功茂阿衡年躋大耋東山望
峻方期霖雨之施南極輝沉忽遘龍蛇之厄時序云邁奄及期年漸遠儀刑宜申祭奠
再朞禫除文同

維萬曆四十四年七月己巳朔越初五日癸酉
皇帝遣直隸蘇州府知府陳訏謨
諭祭原任少師兼太子太師吏部尚書中極殿大學士贈太師謚文定申時行曰惟卿業懋贊襄道弘康濟[illegible]古
起勳久著於巖廊洛社耆英望益隆於泉石遽焉朝露遽返夜臺俎豆崇加幽冥歆格

申时行墓诰赠碑

【释文】诰赠

奉天承运皇帝制曰调元赞化式崇论道之班增秩易名爰举厚终之典匪徒懋赏优宠渥于一身寔欲报德报功垂休光于万祀眷予元辅可靳殊恩尔原任少师兼太子太师吏部尚书中极殿大学士申时行秉心端亮抱器渊宏文章窥西室之藏节概表龙门之峻自大廷首擢秘馆洊登历宫寀而侍经帏劳深启沃由铨卿而参揆路业著匡襄持国是谋断兼施镇人情刚柔互用值琴瑟更张之会妙乾坤旋转之机善类阴扶若秦誓之能容而精神不露元良蚤定同邺侯之善处而上下皆安及所志之既行遂奉身而勇退忧先廊庙十四年勋茂阿衡迹隐江湖二十载名高洛社优礼方廑于赐问讣音遽得于报闻朝论同伤朕心良恻兹特赠尔为太师谥文定锡之诰命於戏爵能驭贵崇阶已极于三公谥以尊名永誉益征于百祀玄扃不昧紫綍其承制

万历四十三年九月二十一日

【尺寸】305cm × 110cm

【地点】上方山麓申时行墓

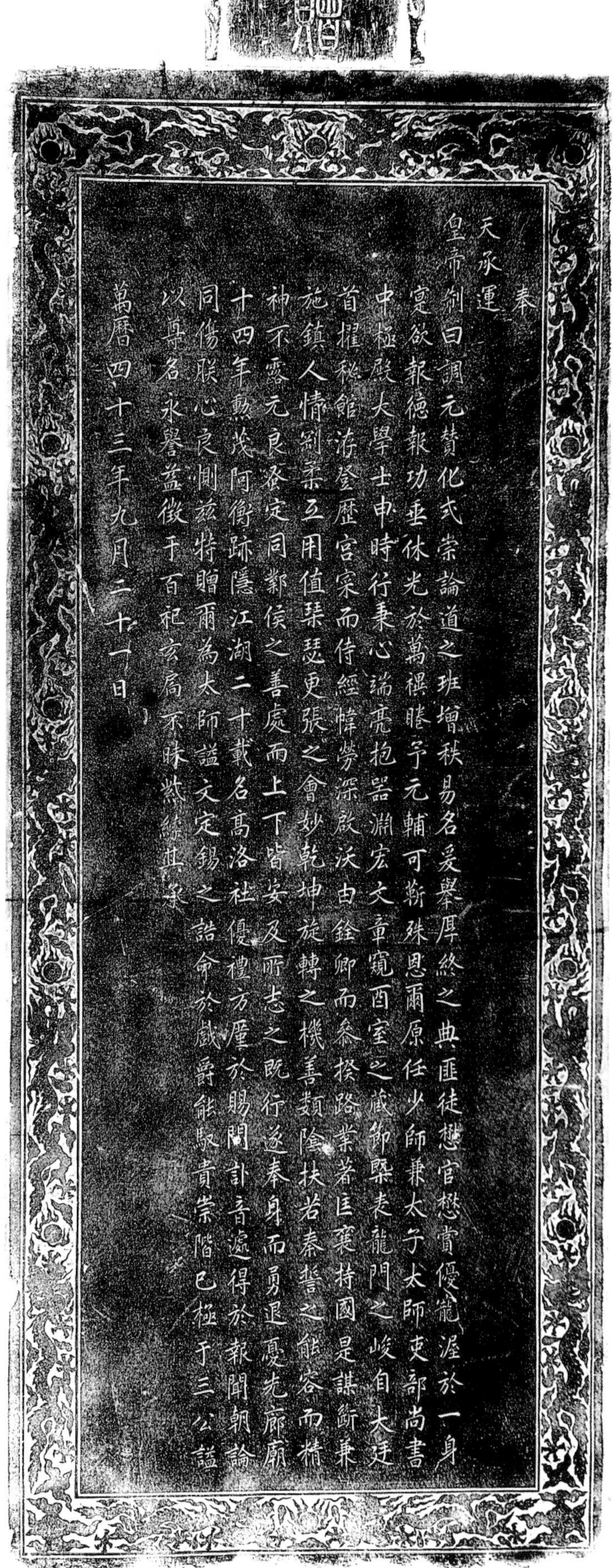
恩贈
奉
天承運
皇帝制曰調元贊化式崇論道之班增秩易名爰舉厚終之典匪徒想官懋賞優寵渥於一身
寔欲報德報功垂休光於萬禩睠予元輔可靳殊恩爾原任少師兼太子太師吏部尚書
中極殿大學士申時行秉心端亮抱器淵宏文章竊百室之藏節槩表龍門之峻自大廷
首擢秘館游登歷宮寀而侍經幃勞深啟沃由銓卿而參揆路業著匡襄持國是謀斷兼
施鎮人情剛柔互用值琹瑟更張之會妙乾坤旋轉之機善類險扶若泰砦之能容而精
神不露元良豫定同鄴侯之善處而上下皆安及所志之既行遂奉身而勇退憂光廊廟
十四年勳茂阿衡跡隱江湖二十載名高洛社優禮方屢於賜問訃音遽得於報聞朝論
同傷朕心良惻茲特贈爾為太師謚文定錫之誥命於戲爵能馭貴崇階已極于三公謚
以尊名永譽益徵于百祀玄扃不昧歆絲其承
萬曆四十三年九月二十一日

申时行墓恭立名录碑

【释文】钦差总理粮储提督军务兼巡抚应天等府地方都察院右副御史王应麟

钦差提督学校巡按直隶监察御史王以宁

巡按直隶监察御史薛贞

巡按直隶监察张五典

钦差巡按浙江等处监察御史杨鹤

钦差巡视下江巡按直隶监察御史汪有功

钦差督理造葬刑部陕西清吏司员外郎刘默

钦差整饬苏松兵备兼理粮储水利湖广提刑按察司按察使俞维宇

苏州府知府陈讦谟同知庞源席遵路许尔忠康元和通判陈梓黄运昌推官安曦长洲县吴县知县胡士容袁熙臣恭立

【尺寸】405cm × 125cm

【地点】上方山麓申时行墓

欽差總理糧儲提督軍務兼巡撫應天等府地方都察院右副都御史王應麟

欽差提督學校巡按直隸監察御史王以寧

巡按直隸監察御史薛貞

巡按直隸監察御史張五典

欽差巡按浙江等處監察御史楊鶴

欽差巡視下江巡按直隸監察御史汪有功

欽差督理造塟刑部陝西清吏司員外郎劉點

欽差整飭蘇松兵備兼理糧儲水利湖廣提刑按察司按察使俞維宇

蘇州府知府陳訏謨同知龐源 席遵路 許爾忠 康元和通判陳梓 黃運昌推官安曦長洲縣 吳縣知縣胡士容 袁熙臣恭立

申时行墓褒恤重恩碑

【释文】褒恤重恩

万历四十四年四月十三日礼部署部事礼部左侍郎兼翰林院侍读学士臣何宗彦谨题为遵例陈请为母请恤恳恩矜允以光泉壤事精膳清吏司案呈准祠祭清吏司付奉本部连送该本部题本司案呈奉本部送礼科抄出原任太仆寺少卿在籍调理今丁忧申用懋 奏乞伊母诰封一品夫人吴氏 恤典等因奉圣旨该部知道钦此钦遵抄出到部送司又奉本部送据原任大学士申时行孙进士申绍芳呈为恳恩题覆并祭以光泉壤事先臣大学士久参密勿特荷 眷知已于四十二年九月钦赐祭葬恩礼始终迨于殁齿不幸祖母诰封一品夫人吴氏续于本年正月初九日身故查照会典内开二品以上文官父母妻曾授本等封者身故给与应得此典例于十二月十六日伯父原任太仆寺少卿申用专差义男申忠赍本具奏上请已经三月二十八日奉旨下部窃查得先年大学士张四维妻王氏加祭一坛列名并祭开圹合葬复查得大学士许国妻汪氏比例陈请并邀 恩典今芳祖葬期已近祖母并祭为宜仿前事体实与相同伏乞垂悯先祖尽瘁之勋曲存祖母同归之义特赐照例一体题覆列名并祭无论 三朝殊宠得以并耀俎豆之光而兹九鼎片言亦何敢谖衔结之报等情通查案呈到部为照原任太仆寺少卿申用懋为伊母夫人吴氏恤典奏乞加祭开圹并进士申绍芳呈乞并祭伊祖一节该司查有前例应照例予祭一坛开圹合葬申时行列名并祭不必另设坛数第时行辅理功高知吴氏儆戒德懋据援张四维妻王氏加祭一坛事例果与相同第特恩出自 朝廷臣等未敢擅拟伏乞圣明裁定敕下臣部遵奉施行谨题请旨 计开 一祭文 并祭闻丧文 并祭下葬文 共二道

一祭品 猪一口 羊一腔 馒头五分 粉汤五分 果子五色每色五斤 按酒五盘 凤鸡一只 煠骨一块 煠鱼一尾 酥饼酥锭各四个 鱼汤一分 鸡汤一分 降真香一炷 烛一对重一斤 焚祝纸一百张 酒二瓶 共二坛

本月十六日奉圣旨是准照例与祭仍加祭一坛元辅时行列名并祭

万历四十四年五月十三日工部署部事工部右侍郎臣林如楚谨题为遵例陈请为母请恤恳恩矜允以光泉壤事屯田清吏司案呈奉本部送准礼部咨该本部题礼科抄出原任太仆寺少卿在籍调理今丁忧申用懋 奏乞伊母诰封一品夫人吴氏 恤典等因奉圣旨该部知道钦此又奉本部送据原任大学士申时行孙进士申绍芳呈为恳恩题覆并祭以光泉壤事等情呈部送司查得 会典并 恤典条例之款凡一品官父母授封至一品者祭一坛妻祭一坛其遇有加祭出自特恩者不在此限又品官父母曾授本等封者各许并祭又查先年大学士申时行病故已经造有坟圹外各等因通查案呈到部查得正德六年六月内该本部为审时省礼以宽民力事议得大臣并妻病故开圹者不分品级崇卑止与夫匠五十名不许多派等因题奉武宗皇帝圣旨是造坟开圹工料价银则例都准拟行钦此以经通行钦遵在卷今该前因查呈到部看得原任少师兼太子太师尚书中极殿大学士申时行病故已经本部于四十二年九月内差官造葬讫今伊妻诰封一品夫人吴氏病故例应开圹合葬案查凡元辅之妻曾授封至一品者身后 恤典委宜优异既经礼部题奉 钦依备咨前来相应照例覆 请恭候命下本部札行直隶苏州府将合用夫匠五十名每名出银一两棺木一副行属派办征给丧家该府堂上官一员前去坟所依式督理开圹合葬毕日备将给过银两数目造册奏缴仍具数报部查考等因原系云云 本月十八日奉圣旨是钦此

【尺寸】300cm×110cm

【地点】上方山麓申时行墓

申时行墓敕谕并祭碑

【释文】敕谕并祭

维　万历四十四年七月己巳朔初五日癸酉皇帝遣直隶苏州府知府陈讦谟谕祭原任少师兼太子太师吏部尚书中极殿大学士赠太师谥文定申时行妻诰封一品夫人吴氏曰惟卿名世耆儒匡时硕辅格心赞化天工允藉经纶造膝陈谟国本潜资羽翼岂余一人之有庆乃尔十载之克勤眷言调燮之功实赖箴规之益德谐琴瑟佐老臣谋国之忠教协杼机衍寿母宜家之化亶双星之并耀羡五福以偕臻白首同归卜日共临于窀穸黄垆作对加恩备极于荣哀牢醴均颁尔灵克享

维　万历四十四年七月己巳朔初五日癸酉皇帝遣直隶苏州府知府陈讦谟谕祭原任少师兼太子太师吏部尚书中极殿大学士赠太师谥文定申时行妻诰封一品夫人吴氏曰惟卿三朝元老一代宿儒岂惟谋断之兼资亦且才诚之两合眷惟女史佐我师臣隆恩已贲于鱼轩渥宠重沾于马鬣再颁异数尚克歆承

【尺寸】300cm×110cm

【地点】上方山麓申时行墓

維　萬曆四十四年七月己巳朔初五日癸酉
皇帝遣直隸蘇州府知府陳訏謨
諭祭原任少師兼太子太師吏部尚書中極殿大學士贈太師謚文定申時行妻
誥封一品夫人吳氏曰惟卿名世耆儒匡時碩輔格心贊化天工允藉經綸造膝陳謨國本
潛資羽翼豈余一人之有慶乃爾十載之克勤眷言調燮之功寔賴箴規之益德諧琴
瑟佐老臣謀國之忠教協杼機衍壽母宜家之化疊雙星之並耀羨五福以偕臻白首
同歸卜日共臨于窀穸黄壚作對加恩備極于榮哀牢醴均須爾靈克享

維　萬曆四十四年七月己巳朔初五日癸酉
皇帝遣直隸蘇州府知府陳訏謨
諭祭原任少師兼太子太師吏部尚書中極殿大學士贈太師謚文定申時行妻
誥封一品夫人吳氏曰惟卿三朝元老一代宿儒豈惟謀斷之兼資亦且才誠之兩合睠惟
女史佐戒師臣隆恩已賁于魚軒渥寵重霑于馬鬣再須異數尚克歆承

宠光奕世碑

【释文】巡抚直隶监察御史李元民　宠光奕世　万历庚寅二月吉旦

【尺寸】60cm × 300cm

【地点】石湖范成大祠

四时田园杂兴诗碑

【释文】柳花深巷午鸡声桑叶尖新绿未成坐睡觉来无一事满窗晴日看蚕生
土膏欲动雨频催万草千花一饷开舍后荒畦犹绿秀邻家鞭笋过墙来
高田二麦接山青傍水低田绿未耕桃杏满村春似锦踏歌椎鼓过清明
老盆初熟出茅柴携向田头祭社来巫媪莫嫌滋味薄旗亭官酒更多灰
社下烧钱鼓似雷日斜扶得醉翁回青枝满地花狼藉知是儿孙斗草来
骑吹东来里巷喧行春车马闹如烟系牛莫碍门前路移系门西碌碡边
寒食花枝插满头蒨裙青袂几扁舟一年一度游山寺不上灵岩即虎丘
郭里人家拜扫回新开醪酒荐青梅日长路好城门近借我茅亭暖一杯
步屧寻春有好怀雨余蹄道水如杯随人黄犬搀前去走到溪边忽自回
种园得果廑偿劳不奈儿童鸟雀搔已插棘针樊笋径更铺渔网盖樱桃

【释文】吉日初开稻种包南山雷动雨连宵今年不欠秧田水新涨看看拍小桥
桑下春蔬绿满畦菘心青嫩芥台肥溪头洗择店头卖日莫裹盐沽酒归
右春日田园杂兴十二绝
紫青莼菜卷荷香玉雪芹芽拔薤长自撷溪毛充晚供短篷风雨宿横塘
湖莲旧荡藕新翻小小荷钱没涨痕斟酌梅天风浪紧更从外水种芦根
胡蝶双双入菜花日长无客到田家鸡飞过篱犬吠窦知有行商来买茶
湔裙水满蒌苹洲上巳微寒懒出游薄暮蛙声连晓闹今年田稻十分秋
吴下占上巳蛙鸣则无水灾
新绿园林晓气凉晨炊蚕出看移秧百花飘尽桑麻小来路风来阿魏香
三旬蚕忌闭门中邻曲都无步往踪犹是晓晴风露下采桑时节暂相逢
汙莱一稜水周围岁岁蜗庐没半扉不看茭青难护岸小舟撑取葑田归
茅针香软渐包茸蓬櫑甘酸半染红采采

【释文】归来儿女笑杖头高挂小筠笼

谷雨如丝复似尘煮瓶浮蜡正尝新牡丹破萼樱桃熟未许飞花减却春
雨后山家起较迟天窗晓色半熹微老翁欹枕听莺啭童子开门放燕飞
海雨江风浪作堆时新鱼菜逐春回荻芽抽笋河鲀上楝子开花石首来
乌鸟投林过客稀前山烟暝到柴扉小童一棹舟如叶独自编栏鸭阵归
右晚春田园杂兴十二绝

梅子金黄杏子肥麦花雪白菜花稀日长篱落无人过惟有蜻蜓蛱蝶飞
五月江吴麦秀寒移秧披絮尚衣单稻根科斗行如鬼田水今年一尺宽
二麦俱秋斗百钱田家唤作小丰年饼炉饭甑无饥色接到西风熟稻天
百沸缫汤雪涌波缫车嘈囋雨鸣蓑桑姑盆手交相贺绵茧无多线茧多
小妇连宵上绢机大耆催税急于飞今年幸甚蚕桑熟留得黄丝织夏衣

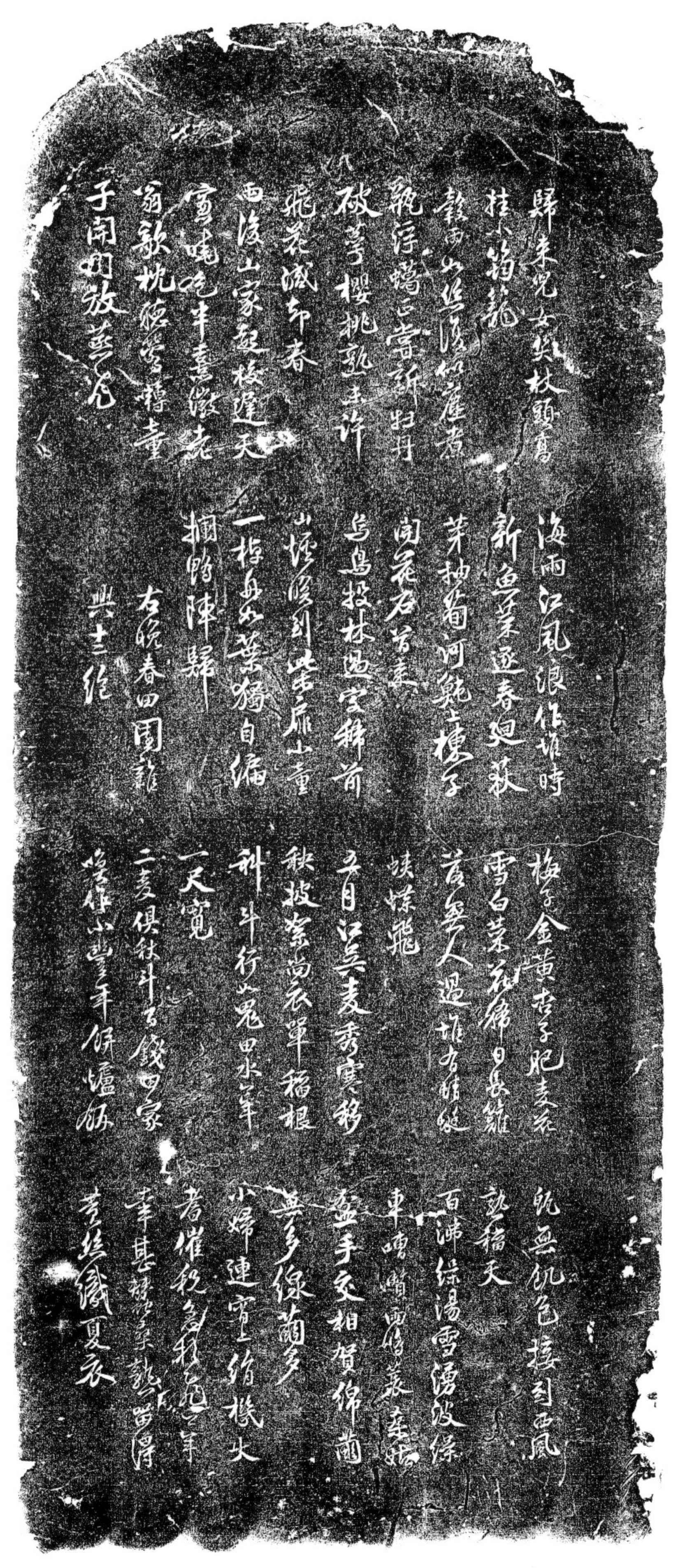
海雨江風浪作堆時
新魚菜逐春迴荻
芽抽筍河魨上楝子
開花石首來
烏鳥投林過客稀前
山煙暝到柴扉小童
一棹舟如葉獨自編
闌鴨陣歸
右晚春田園雜
興十二絕

歸來兒女笑杖頭高
挂小筠籠
穀雨如絲復似塵煮
瓶浮蠟正嘗新牡丹
破萼櫻桃熟未許
飛花減卻春
雨後山家起較遲天
窗曉色半熹微老
翁欹枕聽鶯囀
童子開門放燕飛

梅子金黃杏子肥麥花
雪白菜花稀日長籬
落無人過惟有蜻蜓
蛺蝶飛
五月江吳麥秀寒移
秧披絮尚衣單稻根
科斗行如塊田水今年
一尺寬
二麥俱秋斗百錢田家
喚作小豐年餅爐飯

甑無饑色接到西風
熟稻天
百沸緗湯雪湧波繰
車嘈囋雨鳴蓑桑姑
盆手交相賀綿繭
無多絲繭多
小婦連宵上絹機大
耆催稅急於飛今年
幸甚蠶桑熟留得
黃絲織夏衣

【释文】下田戽水出江流高垄翻江逆上沟地势不齐人力尽丁男长在踏车头
昼出耘苗夜绩麻村庄儿女各当家童孙未解供耕织也傍桑阴学卖瓜
槐叶初匀日气凉葱葱鼠耳翠成双三公只得三株看闲客清阴满北窗
黄尘行客汗如浆少住侬家漱井香借与门前磐石坐柳阴亭午正风凉
千顷芙蕖放棹嬉花深迷路晚忘归家人暗识船行处时有惊忙小鸭飞
采菱辛苦废犁锄血指流丹鬼质枯无力买田聊种水近来湖面亦收租
蜩螗千万沸斜阳蛙黾无边聒夜长不把痴聋相对治梦魂争得到黎床
右夏日日田园杂兴十二绝
杞棘垂珠滴露红两蛩相应语莎丛虫丝罥尽黄葵叶寂历高花侧晚风
朱门巧夕沸欢声田舍黄昏静掩扃男解牵牛女能织不须徼福渡河星
橘蠹如蚕入化机枝间垂茧似蓑衣忽然

下田戽水出江流高
壠翻江逆上溝地勢
不齊人力盡丁男長
在踏車頭
晝出耘苗夜績麻村
莊兒女各當家童孫
未解供耕織也傍桑
陰學種瓜
槐葉初勻日氣涼葱葱
鼠耳翠成雙三公只

得三株看閑客清陰
滿北窗
黃塵行客汗如漿少
住儂家漱井香借
與門前盤石坐柳
陰亭午正風涼
千頃芙蕖放棹嬉花
深迷路晚忘歸
家人暗識船行處時有
驚忙小鴨飛

采菱辛苦廢犁鉏
血指流丹鬼質枯無力
買田聊種水近來湖面
亦收租
蜩螗千萬沸斜陽
蛙黽無邊聒夜長不把
癡聾相對治夢魂爭
得到藜床
右夏日田園雜興
十二絕

杞棘垂珠滴露紅兩
蛩相應語莎叢蟲
絲罥盡黃葵葉寂
歷高花側晚風
朱門巧夕沸歡聲田
舍黃昏靜掩扃男
解牽牛女能織不
須徼福渡河星
橘蠹如蠶入化機枝
間垂繭似蓑衣忽然

【释文】蜕作多花蝶翅粉才干便学飞
静看檐蛛结网低无端妨碍小虫飞蜻蜓倒挂蜂儿窘催唤山童为解围
垂成穑事苦艰难忌雨嫌风更怯寒笺诉天公休掠剩半偿私债半输官
秋来只怕雨垂垂甲子无云万事宜获稻毕工随晒谷直须晴到入仓时
中秋全景属潜夫棹入空明看太湖身外水天银一色城中有此月明无
新筑场泥镜面平家家打稻趁霜晴笑歌声里轻雷动一夜连枷响到明
租船满载候开仓粒粒如珠白似霜不惜两钟输一斛尚赢糠核饱儿郎
菽粟瓶罂贮满家天教将醉作生涯不知新滴堪篘未今岁重阳有菊花
细捣橙虀买鲙鱼西风吹上四腮鲈雪松酥腻千丝缕除却松江到处无
新霜彻晓报秋深染尽青林作缬林惟有橘园风景异碧丛丛里万黄金
右秋日田园杂兴十二绝

蛻作多花蝶翅粉饒
艷便學飛
靜看簷蛛結網低
無端妨礙小蟲飛蜻
蜓倒挂蜂兒窘催
喚山童為解圍
垂成穡事苦艱難忌
雨嫌風更怯寒箋訴
天公休掠剩半償私
債半輸官

秋來只怕雨垂垂甲子
無雲萬事宜穫稻
畢工隨曬穀直須晴
到入倉時
中秋全景屬潜夫棹
入空明看太湖身外
水天銀一色城中有
此月明無
新築場泥鏡面平
家家打稻趁霜晴笑

歌聲裏輕雷動一
夜連枷響到明
租船滿載候開倉
粒粒如珠白似霜不惜
兩鍾輸一斛尚贏
糠覈飽兒郎
菽粟瓶罌貯滿家
天教將醉作生涯
不知新酒堪篘未今
歲重陽有菊花

細擣橙虀買鱠魚
西風吹上四腮鱸雪
鬆酥膩千絲縷除
却松江到處無
新霜徹曉報秋深
染盡青林作纈林惟
有橘園風景異碧
叢叢裏萬黃金
右秋日田園
雜興十二絕

【释文】斜日低山片月高睡余行药绕江郊霜风扫尽千林叶闲倚筇枝数鹳巢
炙背檐前日似烘暖醺醺后困蒙蒙过门走马何官职侧帽笼鞭战北风
屋上添高一把茅密泥房壁似僧寮从教屋外阴风吼卧听篱头响玉箫
松节然膏当烛笼凝烟如墨暗房栊晚来拭净南窗纸便觉斜阳一倍红
乾高寅缺筑牛宫卮酒豚蹄酹土公牯牸无瘟犊儿长明年添种越城东
放船开看雪山晴风定奇寒晚更凝坐听一篙珠玉碎不知湖面已成冰
拨雪挑来踏地菘味如蜜藕更肥醲朱门肉食无风味只作寻常菜把供
榾柮无烟雪夜长地炉煨酒暖如汤莫嗔老妇无盘饤笑指灰中芋栗香
煮酒春前腊后蒸一年长飧瓮头清廛居何似山居乐秫米新来禁入城
黄纸蠲租白纸催皂衣旁午下乡来长官头脑冬烘甚乞汝青铜买酒回

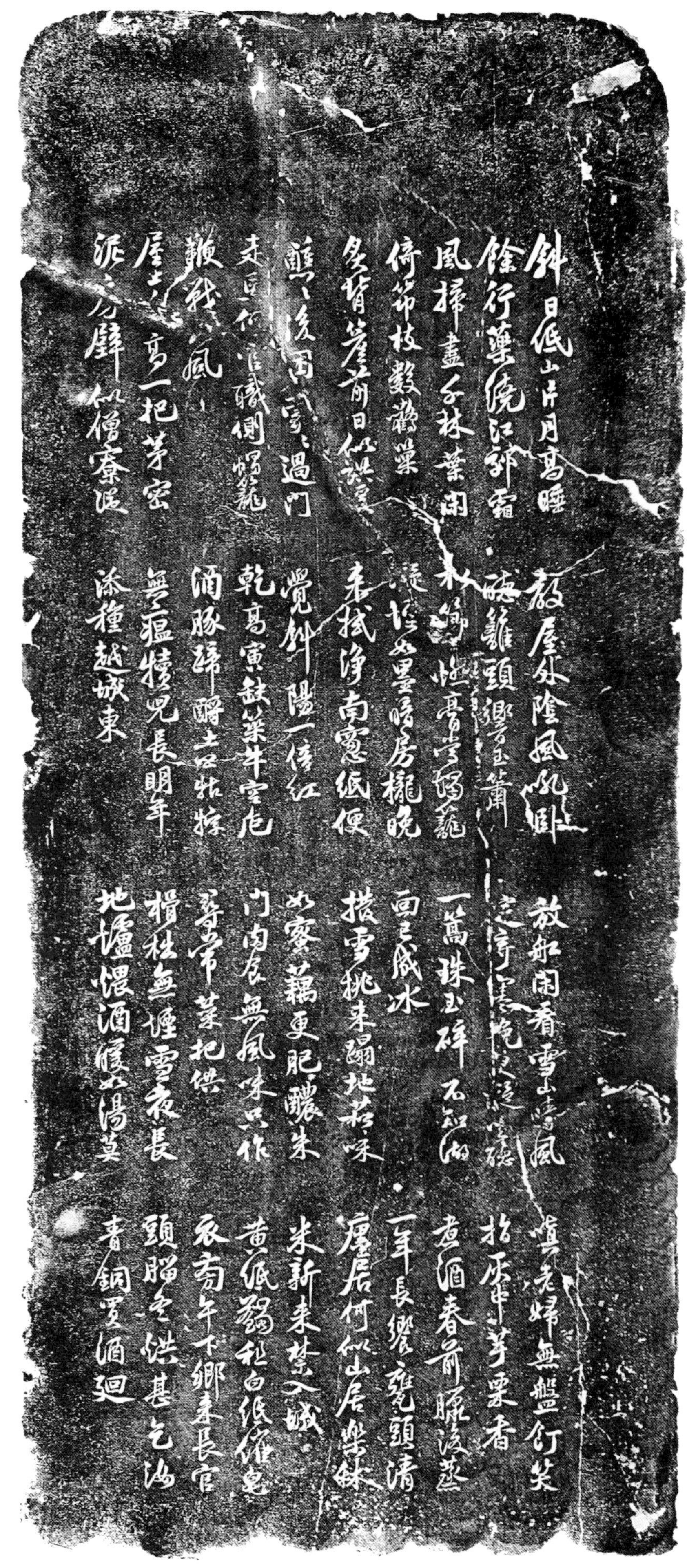

【释文】探梅公子款柴门枝北枝南总未春忽见小桃红似锦却疑侬是武陵人

村巷冬年见俗情邻翁讲礼拜柴荆长衫布缕如霜雪云是家机自织成

右冬日田园杂兴十二绝

比尝以夏日拙句寄抚州使君和仲同年兄使君辱和甚妙且欲尽得四时杂兴今悉写寄仆既归田若幸且老健则游目骋怀之作将不止此诗筒往来未艾也石湖居士寿栎堂书

右石湖范公成大四时田园杂兴绝句诗一卷公以文学知遇思陵阜陵遂登执政此诗乃谢事后所作曲尽吴中郊居风土民俗不惟词语脍炙人口而笔墨标韵步骤苏黄百载之下使人徒羡名不虚传讵不信然至正辛丑长至前三日鄱阳周伯琦为适卿御史题于岁寒轩（卢御史师邵既作文穆公祠欲求公遗墨刻之祠中未得也闻公为田园杂兴诗以寄其同年抚州使君和仲刻之临川学宫亦已毁于火庚辰冬客有自浙东携一卷来者初亦不知其为贵识者观之曰文穆真迹也出入苏黄典形有在侍御闻百方购得之见其后有卢氏敬藏四字益惊且喜曰真故吾家物乎四字下有印章二一漫漶不可复辨一曰建武军节度使之印宋世州刺史建节者称节度使是卷岂令和仲家（藏和仲岂亦卢姓乎未可知也独念兹卷始藏卢氏复数百年兵火乱离几经变故而以归焉复归之卢氏其不有数乎岂文穆冥冥之中来歆庙祀鉴侍御之诚特以其家故物完璧归之乎乃手摹入石嵌之祠之壁辛巳五月王鏊谨题）

【尺寸】163cm × 80cm × 7

【地点】石湖范成大祠

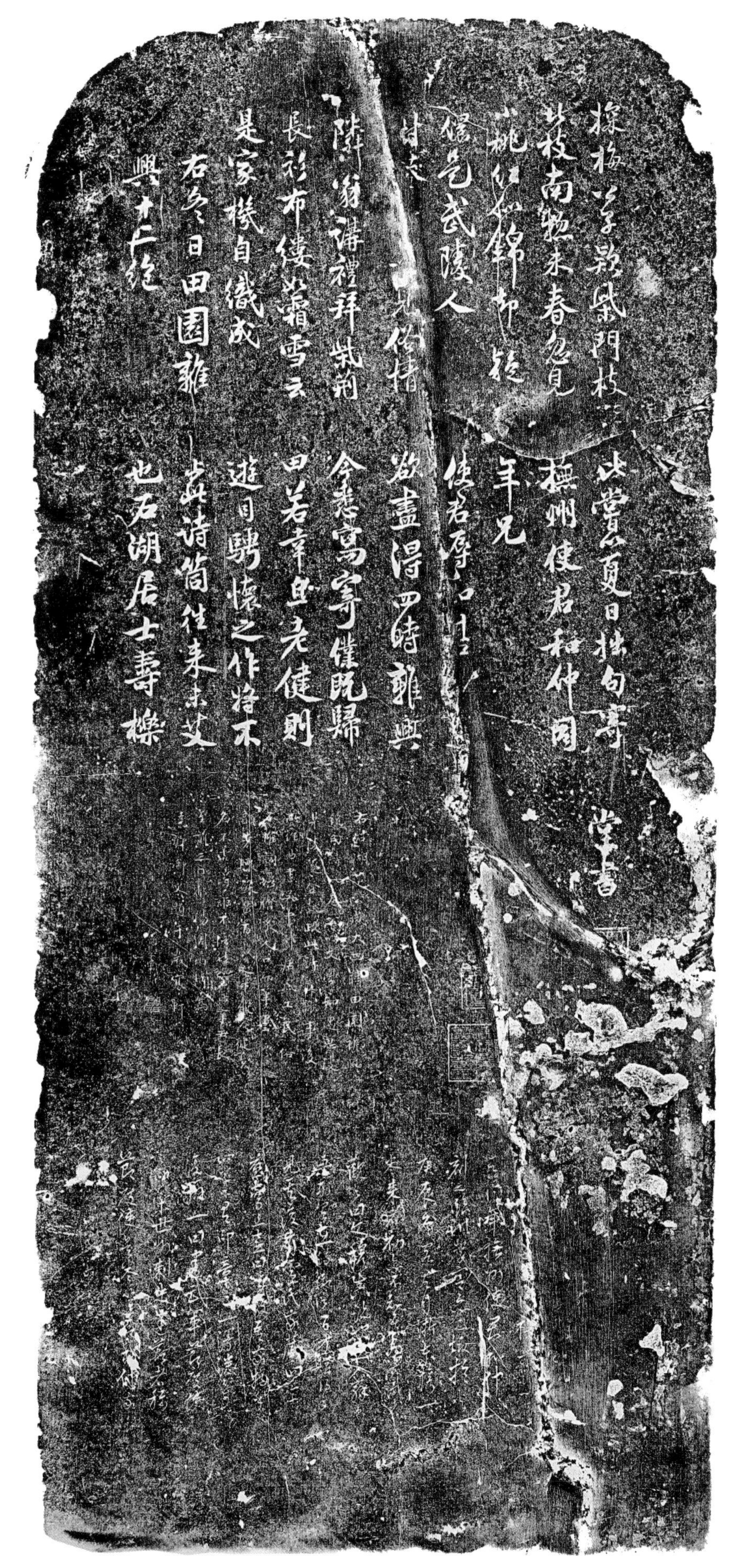

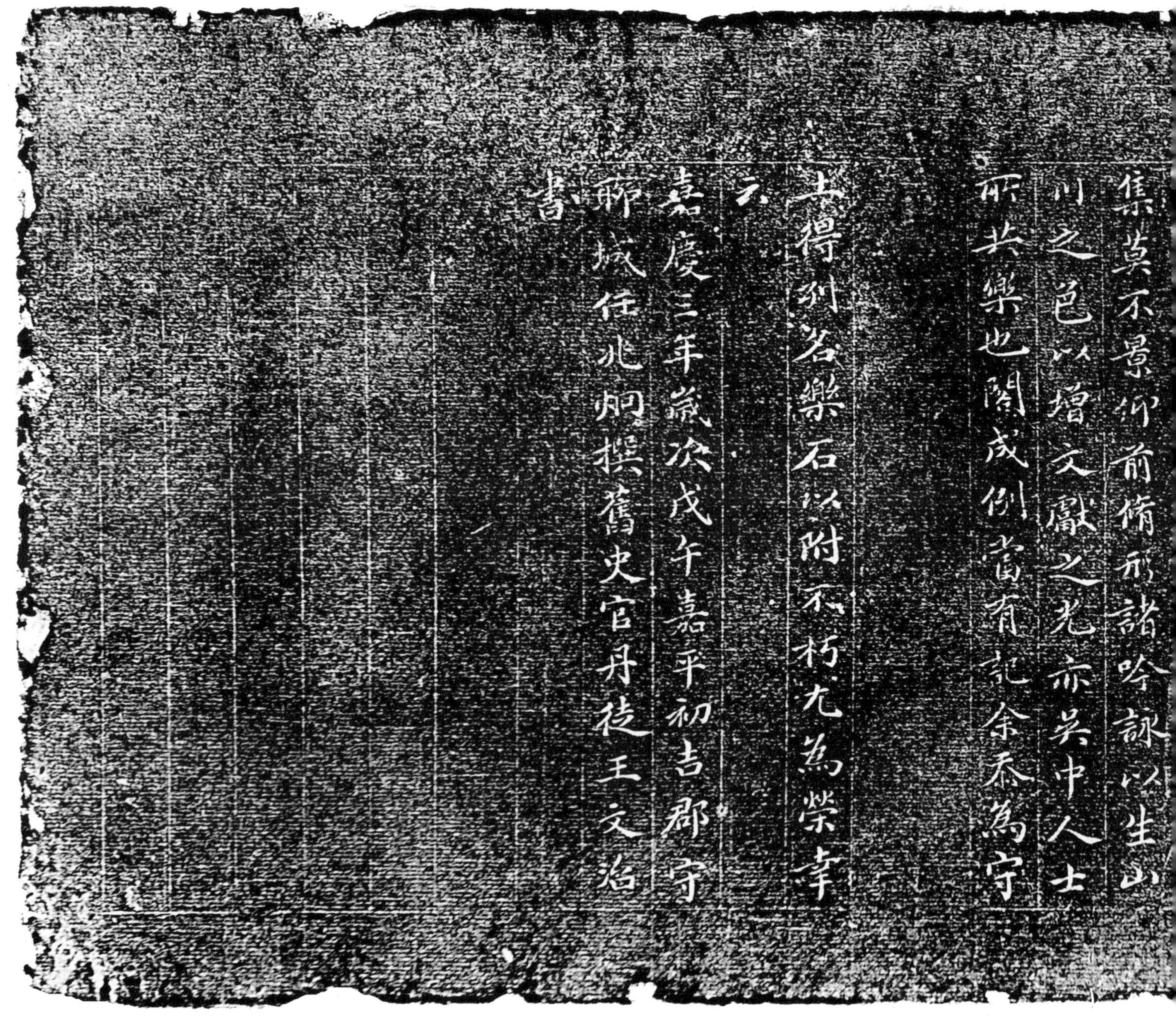

集莫不景仰前脩形諸吟詠以生山
川之色以增文獻之光亦吳中人士
所共樂也閣成例當有記余忝為守
土得列名樂石以附不朽尤為榮幸
云
嘉慶三年歲次戊午嘉平初吉郡守
聊城任兆炯撰舊史官丹徒王文治
書

王文治书残碑

【释文】邦一丘一壑皆夙昔所经营而湖山澹远距郭裁十里许春秋佳日临眺尤宜爰于祠之旁地百弓中建一阁仍以天镜名之复就其地之形势曲折崇而岩之洼而沼之敞而轩之秀而亭之虽未即如别墅之旧亦几于具体而微矣尝试登阁而望之澄波淼漫浮岚映碧楞伽钟梵泠泠入耳天光云影如在大圆镜中远则具区千里少伯泛宅之乡近则天平万笏文正敦宗之地想公云车至止必有眷恋乎此者至于良辰美景群贤毕集莫不景仰前修形诸吟咏以生山川之色以增文献之光亦吴中人士所共乐也阁成例当有记余忝为守土得列名乐石以附不朽尤为荣幸云

嘉庆三年岁次戊午嘉平初吉郡守聊城任兆炯撰旧史官丹徒王文治书

【尺寸】31cm × 74cm

【地点】石湖范成大祠

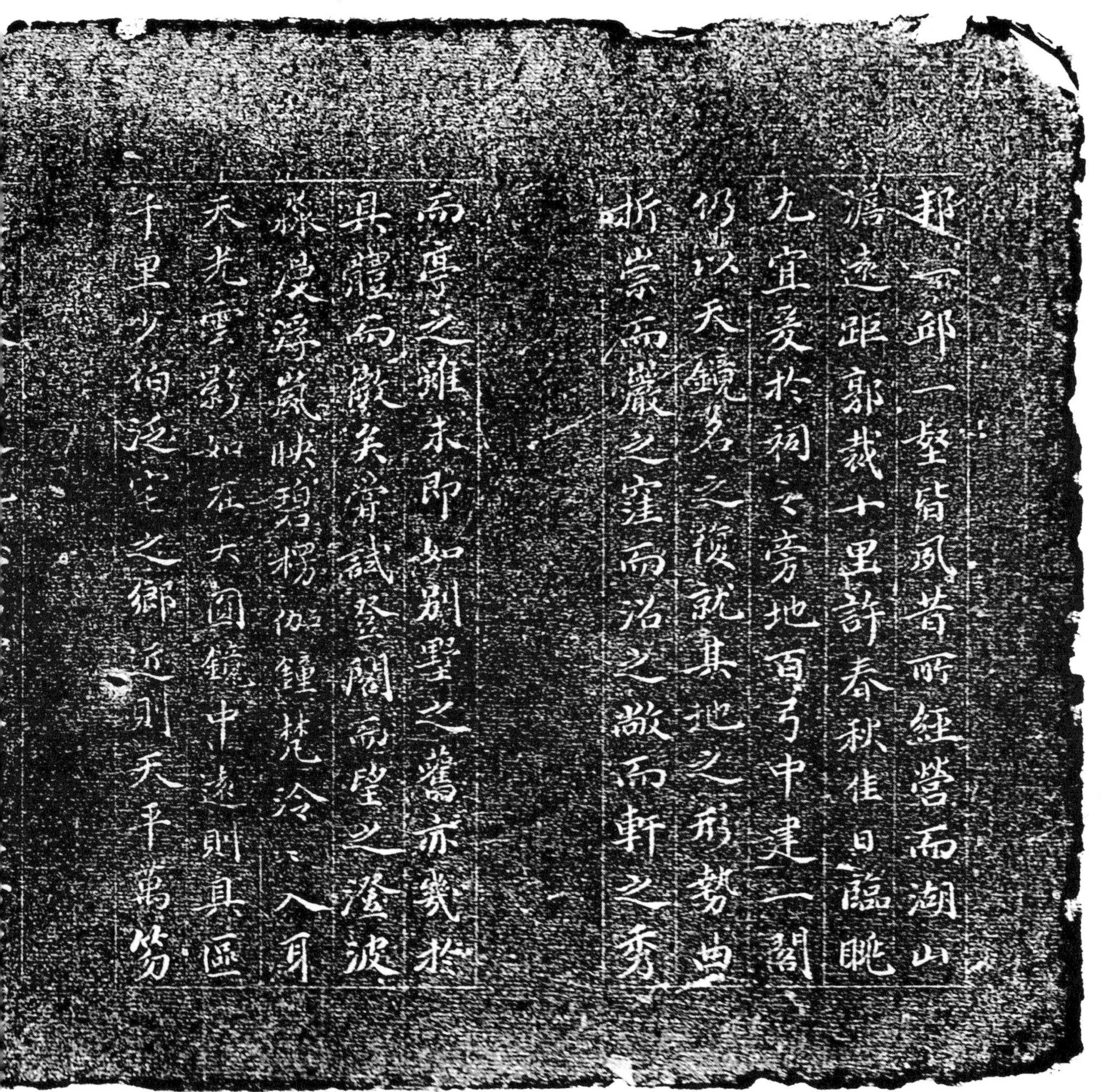
邦之郊一壑皆風昔所經營而湖山
清遠距郭裁十里許春秋佳日臨眺
允宜爰於祠之旁地百弓中建一閣
仍以天鏡名之復就其地之形勢曲
折崇而嚴之窪而治之敞而軒之秀
而亭之雖未即如别墅之舊亦幾於
具體而微矣嘗試登閣而望之滄波
淼漫浮嵐映碧楞伽鐘梵泠泠入耳
天光雲影如在大圓鏡中遠則具區
千里少伯泛宅之鄉近則天平萬笏

越公井额

【释文】随开皇十年越国公杨素凿　李根源题

越公井

民国十六年　张一麐补书

【尺寸】40cm×80cm×3

【地点】石湖治平寺

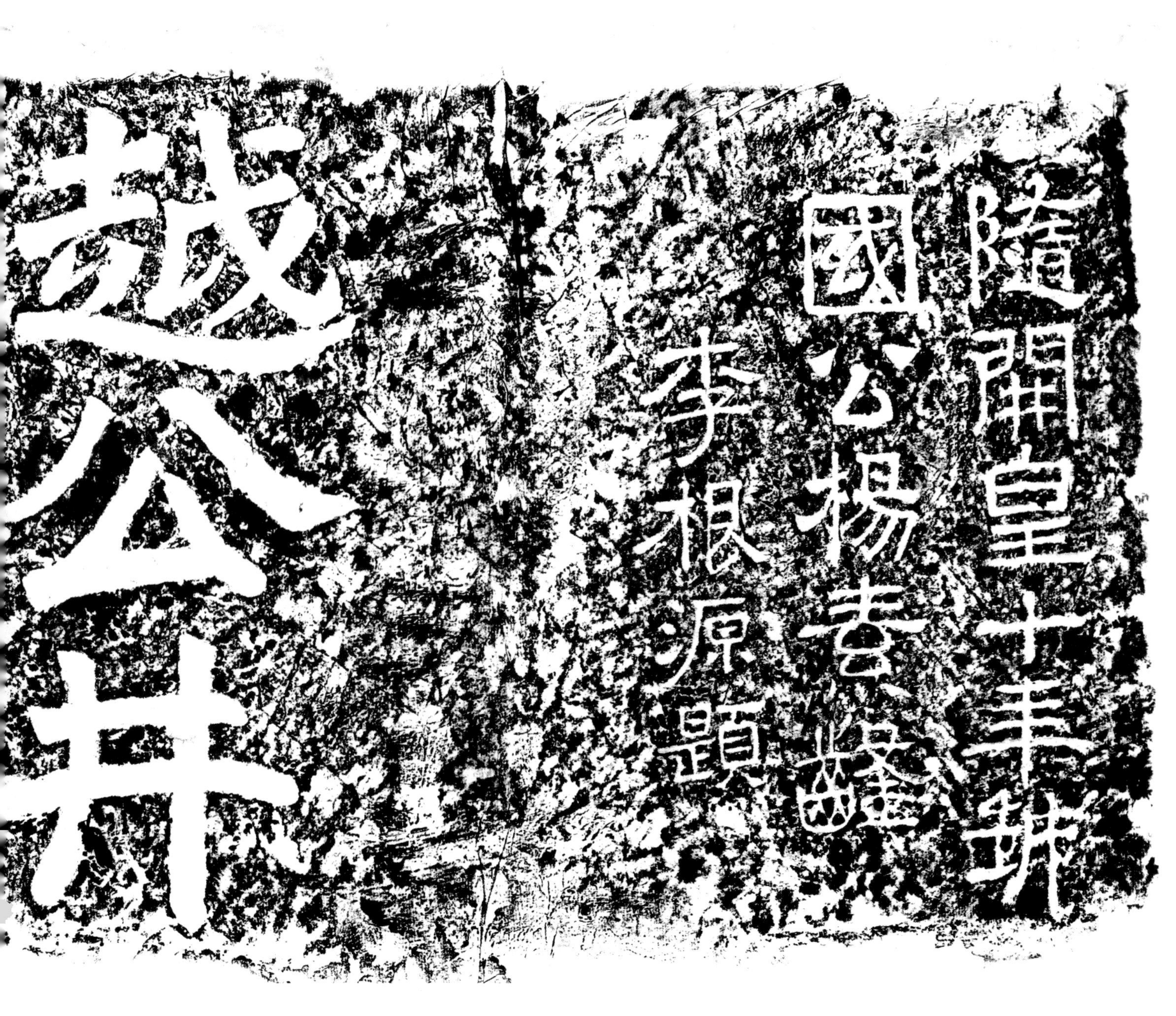
越公井
隋開皇十年越
國公楊素鑿
李根源題

广东潮阳县儒学教谕陈侃墓志铭并盖

【释文】故广东潮阳县儒学教谕陈先生之墓

故廣東潮
陽縣儒學
教諭陳先
生之墓

【释文】潮州府潮县儒学训导　宣圣五十六代孙阙里孔希凤撰

奉议大夫广东提刑按察司佥事同郡戈立书丹

赐进士中顺大夫广东潮州府知府前监察御史眉山陈瑄篆盖

呜呼此潮阳教谕陈先生之墓也予陪先生讲道六稔于兹而窃以启沃者为夥一旦先生捐馆舍而为其寮末者如在期功间弟子若丧父而无服周章靡宁几工越月其孤怡欲扶榇归葬于吴而与谋先生之所不没则后死者将何所云耶乌乎自醇儒迹熄而道在师弟者悉往□视如飘风惊尘至为不可执着先生之于道则广矣先生幼岐嶷成童时记诵辄过等伦入郡胶落笔滔滔无畔道之语以朱氏易领甲子乡荐占高第乙丑中乙科戊辰亦如之乃叹曰果进士始足行吾道邪膴仕陈州司训兄以身教且率诸生讲解务切道义而后已每叹之曰人之于道如康庄之衢固坦然夷平而可安履惟其怅然自局于山谷之险而不能进人安能强人哉欲至乎道而不得者有矣不欲至乎道而能有得者未之见也道敷于人而有程度如此故一时经其指教者皆知造道自得而无他岐之惑多就实材以达世用弥九年上天官援例偕考于执政简阅其文词与功绩为称乃相叹曰是真抱道之器而在下者也升教谕潮阳先生移所以导于一斋者谕乎一学则道行知陈矣三年中举者得五人又三年中举者共六人余皆班班可观一时蜚声动遐迩藩臬大臣郡太守而下无不以先生具师道而待之若行辈然而先生亦以道自许虽与之接狎未尝以非道干之也先生性沉毅无妄言笑不泛交交必慎终始前后丁外内艰未尝出户庭他操行类有可述者讳侃字宗和祖景祯父淑瑛世为长洲望族母张氏配张氏俱有淑行子男一长即怡次□女三长适顾僖生于永乐甲午十二月壬午卒于成化丙戌九月甲申年止五十有三葬于明年九月二十日墓在吴县至德乡何山之原呜呼道罹于不腆久矣其始也由师失其道而教不行故善人渐渐使典教者举如先生则何善人之不多也矣为铭之曰

昔焦伯强以师道行于私家而旷世有相感者矧先生被命秉师道而育成材于北南其后之斯文之相感乌可必其无人耶

【尺寸】50cm × 50cm × 2

【地点】何山

浒墅关修堤记碑

【释文】浒墅关修堤记

浒墅关修堤记

国家以辜榷之利佐度支关有征舟有算司徒之属岁奉玺书从事焉吴之浒墅其一也吴故东南都会而浒墅绾毂其口关临漕渠有堤翼之蜿蜒绵亘四出九达无论冠盖走集商贾辐辏而大农之粟少府之钱岁输以巨万亿计舳舻相衔邪许之声不绝关之左右皆名田上腴至不害其获自倍饔飧租赋出其中盖行旅所迹岁漕所经穑事所仰赖是堤之重久矣比岁淫潦水啮堤崩徒涉既艰沦胥日甚一时行者负者挽舟而过者秉耒庤镈而望岁者皆颦蹙咨嗟有司虽骇目疚心而物力方虚莫知为计也户部郎澶渊董君以万历丙申来领榷务既厘剔弊蠹修举经程遐迩慕怀至者襁属逾年而税之溢于旧额者三千金而羡关吏请如故事治橐中装君叱之去曰奈何污我而议所以捐之则以语备兵宪使曹君曹君曰请捐之堤工为吴民利可乎君欣然曰可即输金府藏以待庀役而曹君为闻之中丞侍御两台檄郡丞应侯长洲令江侯董其事乃发部民二百四十家各率丁夫具畚锸塞决补罅培薄增卑众志大和并手皆作自枫桥抵关二十里所堤为丈三千六百有奇如砥如墉既崇既固工始于某月某日讫于某月某日凡六阅月而告成于是江侯来乞言将石其工之始末以示永久昔在成周关市不征泽梁无禁其取诸民也廉而至于遂径沟畛川涂浍道遂人之所治司险之所周知无不犁然备饬者则安所措费而得是盖其时乡有委积野有聚粟载师有园廛县稍之入均人有公旬之力政当以其不涸之财有余之力兴事而劝工故人不告劳而国不知费其丰预若此余尝闻父老言周文襄抚吴时缮治津梁道途以数十百计所在廪庾皆满间以抵无年之租熙熙乎俨若成周之盛世而今则有大异不然者赋额日广供亿日繁重以灾沴荐臻督逋之檄旁午于道闾阎如磬瘠藏如洗有司至不能名一钱甚则学宫颓圮经数岁而不得治盖已窘矣向微董君出其余税捐以予堤则病涉苦潦颦蹙咨嗟之民庸有极乎盖江侯为余言董君之司榷也度舟算缗如式而止皆躬自衡校一不以假吏胥税金镕销解运综理微密无敢有恫喝为奸利者民间小艇缘关往来一无所呵禁盖以其精明疆察烛奸杜欺以其宽平和惠怀远附近其赢得过当乃大胜于竞锱铢析秋毫者而冰蘖之操羔羊素丝之风又皭然自拔于脂膏之地故能酌彼以注兹推赢以济诎上佐公家之急而下以拯一方艰危跻之周行贻以永利其有造于吴岂浅鲜哉昔者原思廉而不知惠国侨惠而不知政余谓君实兼之以训官箴以恤民隐以修王政之关一举而三善备矣则是役也胡可以不书遂为之记董君名汉儒字学舒大名开州人万历己丑进士诸有事兹役者例得并列于左方

赐进士及第特进光禄大夫左柱国少师兼太子太师吏部尚书中极殿大学士　制诰　经筵总裁　国史　论典　予告吴郡申时行撰文

赐进士出身资政大夫奉　敕参赞机务太子少保南京兵部尚书近奉旨起掌南京都察院事前南京吏礼工三部尚书工部左右侍郎提督军务巡抚江西都察院右副都御史郡人杨成书丹

赐进士出身通议大夫礼部左侍郎兼翰林院侍读学士掌院事教习庶吉士知贡举注　起居经筵日讲官人韩世能篆额

苏州府知府苏州知府朱燮元　同知陈三省　李□□　朱□□　□□□　□□□　黄□中　□□俊　□□□　推官朱一□　长洲县知县江盈科　督工　照磨　主簿　巡检丁□壁

万历丁酉年孟冬吉日立

【尺寸】365cm × 170cm

【地点】中外运高新物流内十里亭

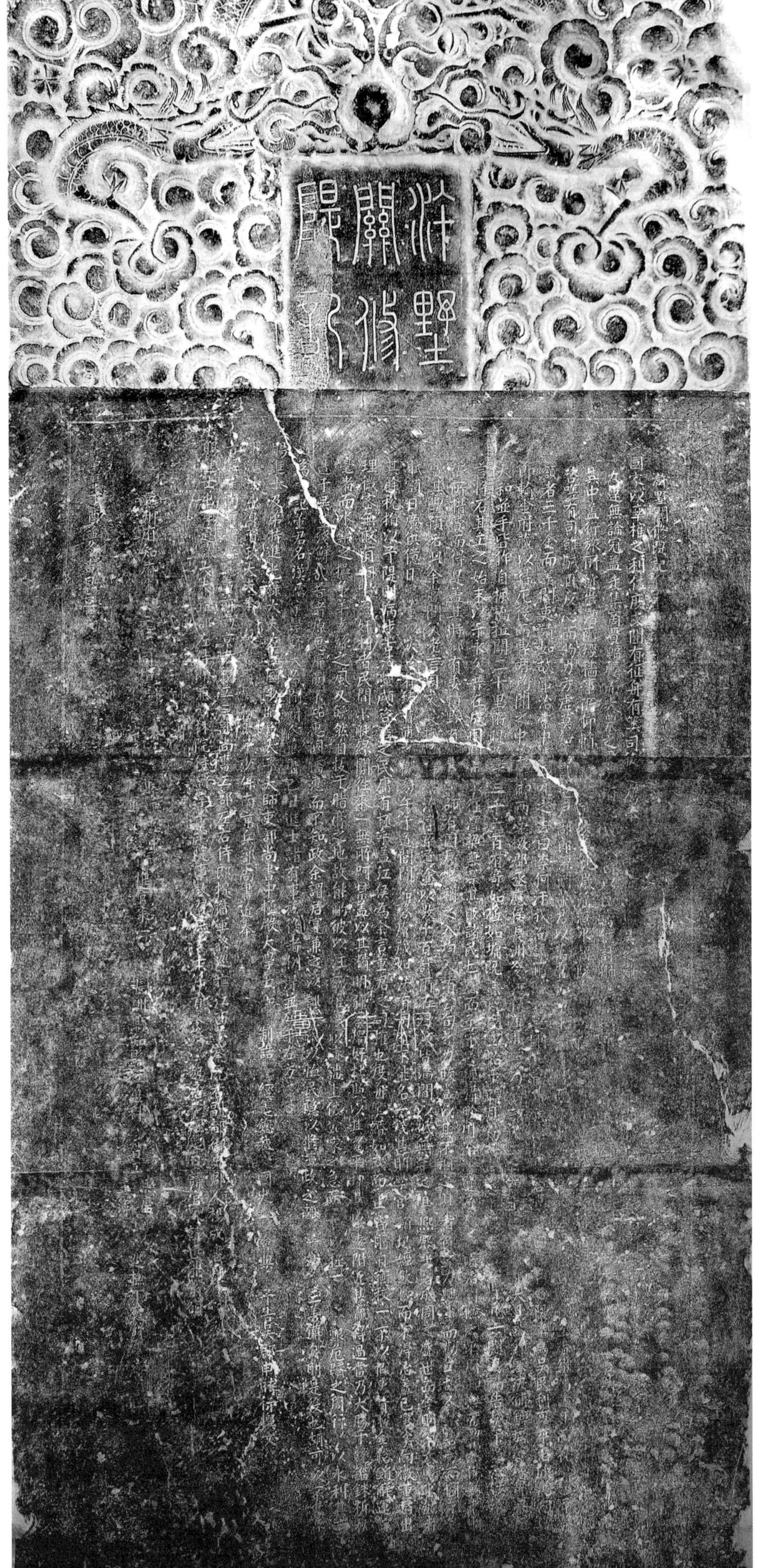

助造中峰山纸炉碑

【释文】吴县十九都一六图□尉大王界今户十一都六图顾明大王界住奉神信士陆溟同妻朱氏发心建造中峰山纸炉二座祈保身躬康泰寿命延长诸般称意凡事吉祥

隆庆五年五月朔日立

募缘道人姚守峰

【尺寸】40cm×38cm

【地点】支硎山中峰寺

晋支公中峰禅院记碑

【释文】重复晋支公中峰禅院记

重复晋支公中峰禅院记

昔晋道林支公于吴中西山有胜缘为□□□余年犹多遗址白马涧神骏□□□□□也放鹤亭其□□□□□□□山名定岭名涅槃皆留其去来□□□华山其讲院也道林庵举其号也而又有南峰北峰□□□□□□□□□□石室处也北峰有石壁□□□□□石坡□□□□□□□字相传为藏□□□□□□弘正间佛法凌夷珠宫绀宇往□□□□□□□□峰既废为墟墓而中峰□归于先正王文恪□□□□□弗以为苑囿弗以为松楸若有得焉四□□□□□□□且死遗言仍还净域是时讲师一雨润□□□□幽通晓禅理缁素皈心王因以付之佛光□□□地□□吴山之灵咸为明证人天赞叹尽谓希有斯诚□□称□事矣余因兹重有感焉吴中诸山始辟于□夫差□山之台馆娃之宫采香之径锦帆之泾与天郊台洒城贺九谢宴之岭消夏之湾名胜满目风流照耀宁非百代之雄也哉曾不一传麋游鹿走固已荡为冷风飘尘徒增吊古之悲乃支公遗踪所在不泯久矣弥新以至废者兴湮者复即人人喜踊不啻身自有之斯岂独清规茂赏能系人怀亦足征法界之广大宗风之弘远成住之相真实之理使人悠然有可思矣且不观夫今之南峰矣乎华表凄凉马鬣颓圮樵呼牧卧鬼泣于幽而王氏独能保百年之废刹新千岁之梵宫又以征文恪公之深仁厚德补余泽也积金至斗身死之后岂复相关惟此胜因历劫不坏太学君可谓知取舍识空有矣□公既受嘱累旋即迁化二三同志以礼延其高□□□□公于白下嗣主院事请余一言垂诸永永因为作记时□□丙寅二月十九日

赐进士及第翰林院修撰　居士文震孟纂

寒山赵宧光篆额

遁士文从简书

住山释广陵明河

崇祯已巳正月　滇南读彻同立石　吴郡邵莹刻

【尺寸】220cm × 97cm

【地点】支硎山中峰寺

明月碑（原系某墓志铭）

【释文】明月

住持绪诚　长徒水森重兴

【尺寸】42cm×69cm

【地点】支硎山中峰寺

报恩山碑

【释文】报恩山

丙辰夏日

住持绪诚

【尺寸】31cm × 83cm

【地点】支硎山中峰寺

丙辰夏日
報

明通议大夫南京都察院左副都御史陈璠墓志盖

【释文】明故通议大夫南京都察院左副都御史陈公之墓

【尺寸】66cm×66cm

【地点】白马涧生态园

乾隆御书『明镜漾云根』碑

【释文】明镜漾云根

【尺寸】119cm×38cm

【地点】白马涧生态园

明鏡漾雲根

乾隆御制『名园依别墅』诗碑

【释文】名园依别墅屈曲石墙通自（是一壶地乃）如大壑丛板阁坐听雪昔年（声在耳）飞流掺掺中后今同一视迸水（云绅白诡）石佛莲青更看新样岩出笠（子亭）出峡涌晴雪浩浩复皑皑（临流更亲切）恰见其源来　千尺雪杂（咏四首）

乾隆丁丑二月御笔

【尺寸】105cm×70cm

【地点】白马涧生态园

永禁作践扰害陶氏祖茔碑

【释文】钦加四品衔　赏戴花翎署理苏州府吴

给示禁约事据家□□升禀称窃家主三品封内阁中书陶治元有坟在■□着潘姓坟于光绪三十三年潘姓控坟丁盗卖坟地与家主议及坟地■谈并由两处世交吴姓从中婉劝和平了事曾于三十四年具禀在■年三月乡棍徐□山即金奎与看坟人挟嫌唆使附近人盗伐坟树■久玩生今春家主上坟祭扫查视余地森林渐稀惩前毖后不■给示禁约为此示仰该处坟丁及诸色人等知悉尔等须■分不准再在陶□祖茔附近作践扰害倘敢故违许即■县定行严究也保容隐察出并处不贷本县言出法随■

宣统贰年■

【尺寸】90cm×60cm

【地点】白马涧生态园

欽加四品銜賞戴花翎署理蘇州府吳
稱故家主…品封內閣中書閩治元有坟在
十三年潘娃控坟丁盜賣坟地與家主議及坟地
從中婉勸和平了事曾於三十四年具稟在
年十二月鄉提…師金奎與看坟人…唆使附近人盜伐坟樹
久玩生今春家主上坟祭掃查視餘地森林斬稀懲前毖後
給示禁約為此示仰該處坟丁及諸色人等知悉爾等須
分不准再在陶…祖塋附近作踐擾害倘敢故違許即
縣究行嚴究…保容隱察出并處不貸本縣言出法
宣統貳年

刘恕生圹墓志铭

【释文】维嘉庆八年岁在癸亥建子月　蓉峰大兄观察营生矿于金盆坞之麓□□□□以书徕索予为铭予与蓉峰聚首最久又屡游吴吴中诸山得以遍览雄而□□而清磅礴郁积灵淑之气待其人而后泄予于康寿阿信之己铭曰　郡之西郭群峰保障蜿蜒崒嵂岭重冈茂林幽壑绵亘低昂云蒸霞蔚郁郁苍苍人文渊薮炳炳煌煌羽仪　皇国特达圭璋维我蓉峰挺生其乡怀奇负异中外勗勤亦维蓉峰内含其章达观知命刚简晦藏山深而窈水曲而长右拥左抱虎踞龙骧凹凸环拱神飞气扬安贞之吉在彼一方俾尔多福曰寿曰康绥尔繁祉既炽既昌钟灵毓秀自天降祥百年奕世应地无疆一官远寄未获登堂敢云制锦窃附词场谊联同谱何事夸张如山之祝频荷　宠光

诰授资政大夫前翰林院编修晋内阁学士兼礼部侍郎　钦命提督山东全省学政宗愚弟刘凤诰琴稿

诰授朝议大夫前翰林院编修　特授浙江金华府知府表侄严荣书丹

古吴谭一夔镌

【尺寸】140cm×67cm

【地点】吴中区文管会

維
嘉慶八年歲在癸亥建子月　晉峯大兄觀察營生壙於金盆塢之麓
所書來屬予爲銘予與晉峯聚首最久又屢遊吳〻中諸山得以徧覽雄秀
而清磅礴鬱積靈淑之氣待其人而後洩予於秉壽何言之己銘曰　郡之西
郭羣峯保障宛延崒嵂複嶺重岡茂林幽壑綿亘延易雲蒸霞蔚鬱〻蒼〻人文淵
藪炳〻煌〻羽儀　皇國特達圭璋維我晉峯挺生其鄉懷奇負異中外討藝亦
維晉峯內含其華達觀知命剴簡晦藏出濩而窮水曲南長右擁左抱虎踞祀
驪山邑環拱神飛朵揚安貞之吉在茲一方俾爾多福曰壽曰康綏爾繁祉既
熾既昌鍾靈毓亏自天降祥百年奕世應地無疆一官遠寄未獲登堂敢云製
錦竊附詞場誼聯同譜何事誇張始山之祝頻荷　寵光
誥授資政大夫前翰林院編脩署內閣學士兼禮部侍郎　欽命提督山東全省
學政宗愚弟劉鳳誥琴藁
誥授朝議大夫前翰林院編脩　特授浙江金華府知府家姪嚴榮書丹
古吳譚一夔鐫

贺九岭助银券额碑

【释文】长洲县东北隅道仪乡住土地界信人冯谏行年三十九岁三月十七日建生同妻王氏行年二十九岁九月三十日建生张毛福行年七岁五月初十日建得佑聪明智惠合家大小人口平安生意称心是非消散发心喜舍卷石块银五钱立吉祥如意

【尺寸】95cm×60cm

【地点】贺九岭石关

贺九岭助银券额碑

【释文】苏州府吴县平望二十都信士地界往□□□□□□佛祈安信人顾士中信人顾文举起笔陈书国忠造祈保吉祥如意

万历甲戌□□□□□七日

信人□□甲戌同助

【尺寸】80cm×40cm

【地点】贺九岭石关

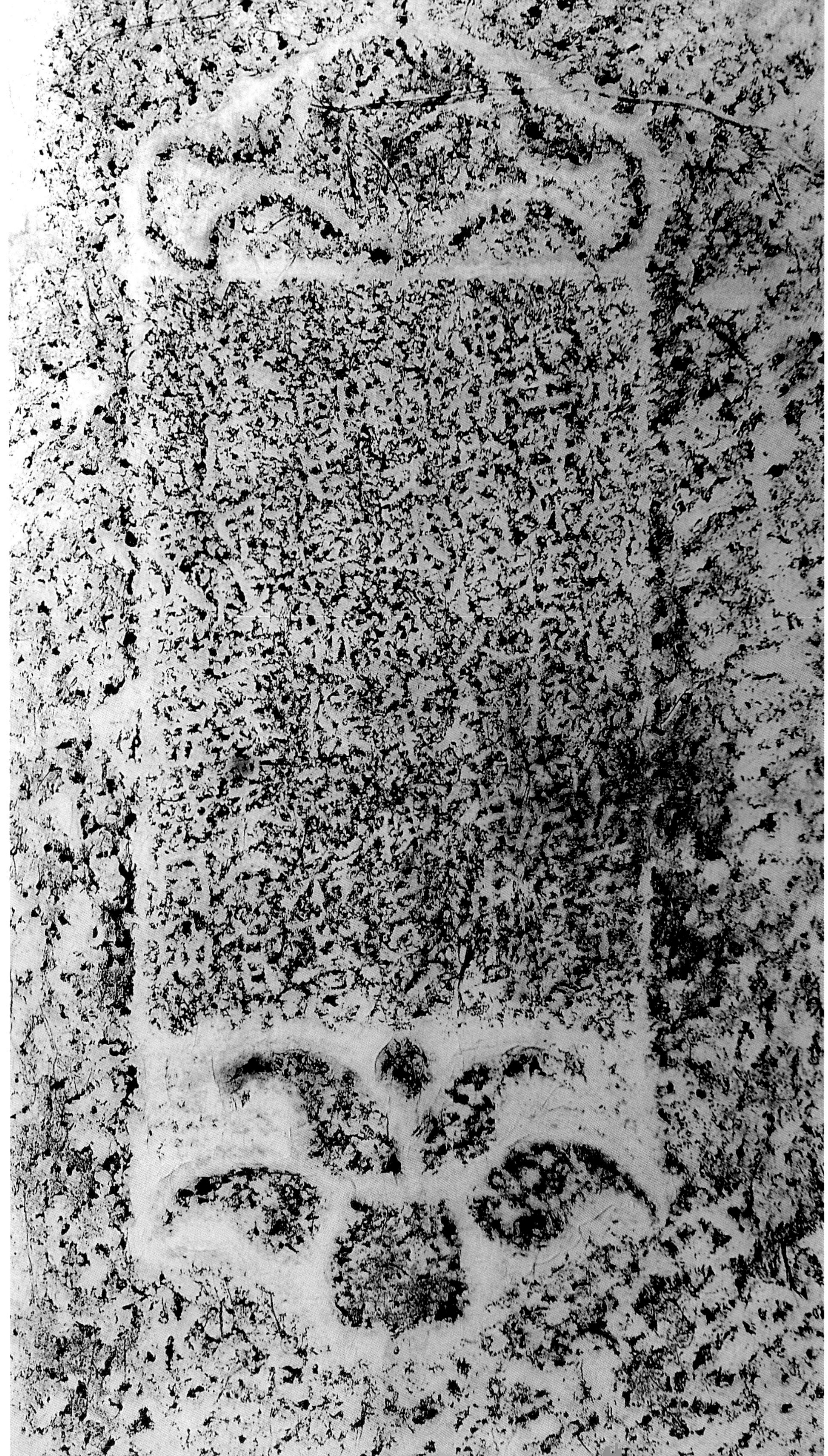

永禁开采爪山碑

【释文】奉宪永禁

署长洲县正堂加一级林　为公吁宪恩等事奉总理粮储提督军务巡抚江宁等处地方都察院右佥都御史协理河工事务□□□□□□□□□都十一图人卢子焕等具呈□□长洲县勘明详报朱汉臣等并发接奉江南江苏等处十二府州承宣布政使司布政使加一级纪录一次高　宪□备奉江抚都院尹　批据水利效力知府徐呈祥前事奉批转饬地方官会同徐□确勘据实详报核夺等因一并到县遵郎请山会勘查江南按察使司分巡苏松道兼理水利盐务事副使加二级王　批据陈飞□金有年等具呈为阳山关郡城龙脉等事奉批会同堂宪示饬禁之阳爪山并非东山将勘过缘由具详奉江抚都院尹　批既据勘明阳爪山石少坟多不便开采朱汉臣之山又久□契卖别姓造坟且先经苏巡道查禁有案复假□坟众姓从中吓诈刁恶殊甚仰即严拏呈者卢子焕冒认宕户之朱汉臣各重责三十板枷号一月具报缴文奉布政司高　宪行开奉江抚都察院尹　□本司覆查朱汉臣将已卖之山捏改山名呈报常州府同知钱绍锜开采已经巡道查明示禁乃又捏改山名诳呈□□□查明详界前情应饬令长洲县严拏朱汉臣重责三十板其附和具呈□卢子焕重责二十板以为假公营私大胆渎职者戒今分别枷责发落矣此缴各等因到县遵即拘提朱汉臣等枷责发落申报在案□雍正九年正月十二日又据张姚焘等具呈为等爪山两奉　宪禁朱汉臣等甫经枷责乃敢违禁私采正在提审详究间奉布政司高　批据张姚焘等具呈为爪山两奉宪禁等事奉批仰长洲县查案勒石永禁报又奉苏巡道王　批据顾衣言等具呈为叠禁叠抗等事奉批仰长洲县查案勒报□此奉苏州府正堂童　批仰候院宪批示录报缴文奉江抚都院尹　批阳爪山先据卢子焕等呈请开采当经批据长洲县□□□□多不便开采业经批饬分别枷责发落在案朱汉臣□□恶已极仰布政司□饬该县究审明确详报核夺仍即饬行勒石永禁取具碑摹□查缴今据朱汉臣华楚材□维□朱鸣王等□□□□□□□生事具有遵依申　宪立案外兹奉□因为查阳爪山系众姓坟□□　□□地钱粮各界坟界管业协办是□□□永禁为此碑仰该山地保并宕匠人等知悉南北阳爪山业奉　各宪批示永禁开采嗣后如有地棍奸宕人等仍前觊觎不遵禁令假□即指名呈控以凭拏详　宪尽深究处各宜凛遵须至碑者　金有年　□□龄　孙廷相　张秉信　顾乔龄　张尧文　张□□　□□光　张秉礼　李濂　张学闵　顾芝龄　□□□　□钧　李钰　顾旦龄　李愈　张世扬　□□□　□世恭　夏长庚　张永思　陈学鲁　李拭　□□□　□之樽　顾炎龄　蒋涤鉴　顾鹤龄　张学曾　□□□　□梅谷　张秉智　陈学舜　张蒋震　顾怡龄　□□□　□若裴　顾长龄　顾崧龄　沈秉礼　周以宁　洪张□

雍正玖年伍月

【尺寸】210cm × 150cm

【地点】北爪山秀峰庵

国计堂记碑

【释文】国计堂记

凡水陆场务榷者皆为国家计也至于算商舟则以部职主之盖利重（课多又计之大者也余作分司堂因以国计名焉或曰国）计之盈缩系乎人在勤惰在廉墨堂之崇卑（不与焉虽然隘陋至于等威不辨亦非所以别上下而重）名器也计国者固不专于陋简为也辛未岁（初余承）命来浒墅见堂敝甚广仅丈许高不及半藉（地不阶其势硊然欲倾且湿淖不可居中列公案右围板）为库间以木屏库役止宿其间朝夕嘈嘈甚非规制盖为主者仅一稔而代以期近易为因循且去府余三十里又阻于窎远□葺治是故相寻日就于圮予为之愀然遂（锐志修理顾费无）所出乃于校算之际留意区画凡船户有匿税不输者罚之使出木数株或砖石灰（瓦若干输而不尽）者半之土人号□铺户而揽纳者又倍焉积三月稍裕乃谋及郡守林君利瞻遂（忻然曰）某之职也即为命工遣役爰撤而新之视旧制而加拓焉增四楣为轩筑三级为阶（因阶为道达于大）门堂四楹轩如之高二丈二尺广倍焉前后相距则三丈有奇侧为库房三间缭（以高垣封以坚户）用寄料银暮使库夫环守焉虽不甚壮丽望之亦颇轩敞轮奂视昔有间矣或又谓（损上益下国）之大计也今子割下之所有以华其居且以国计名之无乃左乎予曰不然处己以（公而廉待人以明）而恕则损上益下之道得矣若夫商船影射不输者则奸人耳恶乎恕且人尤而效（之国课亏矣罚而不）宥者正以为国计也以名堂乌呼不宜是役也经始于三月二十（八日迄工于五月二十五日林君谓）不可无言以纪岁月故为此云

■年六月之吉

■西清吏司主事西郛于范撰立

【尺寸】165cm×90cm

【地点】浒墅关乐居中心

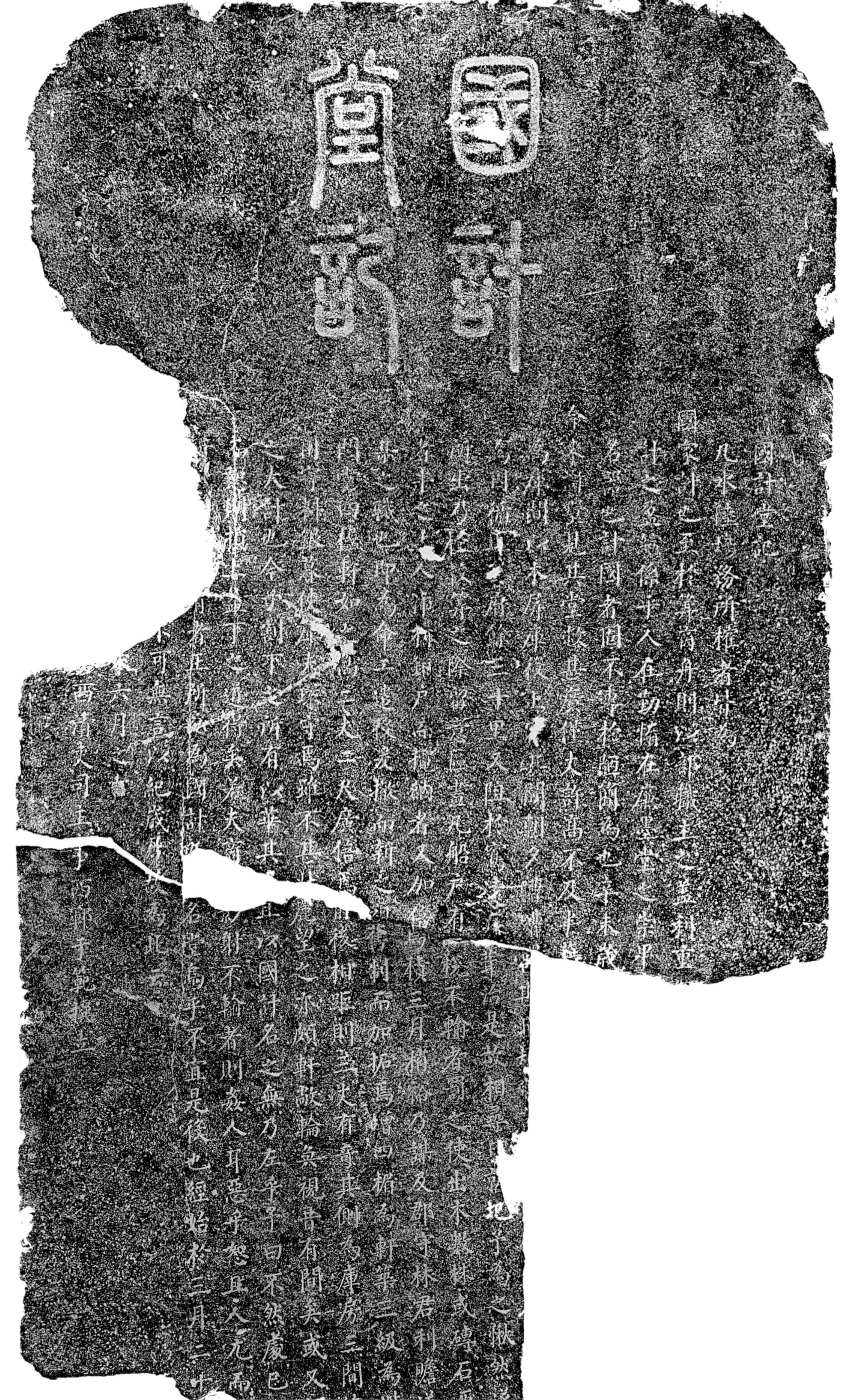

重修文昌阁碑记

【释文】重修文昌阁碑记

重修浒墅关文昌阁记

名山大川之所包络通都巨镇之所辐凑往往崇饰祠宇虔奉真灵非徒标形盛也以迓神庥以饬人纪实与政典相表里在易观之系曰圣人以神道设教厥义古矣维浒墅关文昌阁前明万历年始建国朝康熙二十二年重修盖江水自京口南下直绕郡垣斯关距郡二十余里实为锁钥用形家言凿深筑高俾文峰郁起上为杰阁崇祀圣像束以虹桥环以月河迄今几二百年松岗耸翠层檐切云比尘海之蓬山即蕊珠之别馆先达南畇彭侍讲记之盖详乾隆五十二年冬余摄榷篆言莅斯关斋心登谒顾瞻宋桷朽折是惧计重修时又百年矣作而新之讵可姑待会榷使四公旋来斯任欣然协谋凡诸僚属亦多乐佽用集胜因越四月工竣敬维帝君先天启化历代阐灵叠示宝训重以名儒纂录刊布奚啻家喻户晓顾或阳奉阴违何耶岂悚于所及见忽于所不及见耶夫神天之理也人之心也显之大廷广众微之屋漏衾影昭布森列悉睹悉闻苟有愧于心即不可对于神今是阁也当三吴之要冲凡仕宦商贾吏胥百役下及妇孺莫不翘瞻竦跂又况丹梯峻上宝座凌霄香霭非烟灵旂电景登斯阁也未有不穆乎神凝凛乎深省者然或不逾时而怠矣不旋踵而肆矣可乎哉可乎哉诚知 帝君之神威靡不周遍 帝君之宝训不容逾越于以勉勉循循乐善不倦而昭事不回庶无负前圣神道设教之旨也夫阁成宜有记因广其义以勖登斯阁者阁之后为玉皇殿及左右堂室律师徐来鸿勤募三年以克有成宜附书铭曰

乾纬宣精紫微环极于铄六府维帝时式在天列星在地伟人历十七世忧劳保民宝训谆详婆心苦口梦呼之觉溺援以手洋洋浒水南北通津帆樯如织佥曰利名桂宫云起灵心眷止佑我邦人科甲鼎峙允矣科甲锡孝与忠祸淫福善若影相从毋曰神远日监在兹毋曰尔室鬼或以窥敬之敬之自求多福服教畏神匪伊祷祝圣主寿昌多士观光维帝翊运抉汉分章山巩以崇水环而碧聿占栋隆承哉无斁

时乾隆五十有三年岁次戊申季春中浣谷旦

赐同进士出身诰授资政大夫兵部侍郎兼都察院右副都御史巡抚江苏等处地方提督军务兼理粮饷加一级闵鹗元撰

诰授中宪大夫钦命督理苏州织造事务兼浒墅关监督内务府员外郎加三级四德书丹

【尺寸】240cm×105cm

【地点】浒墅关文昌阁

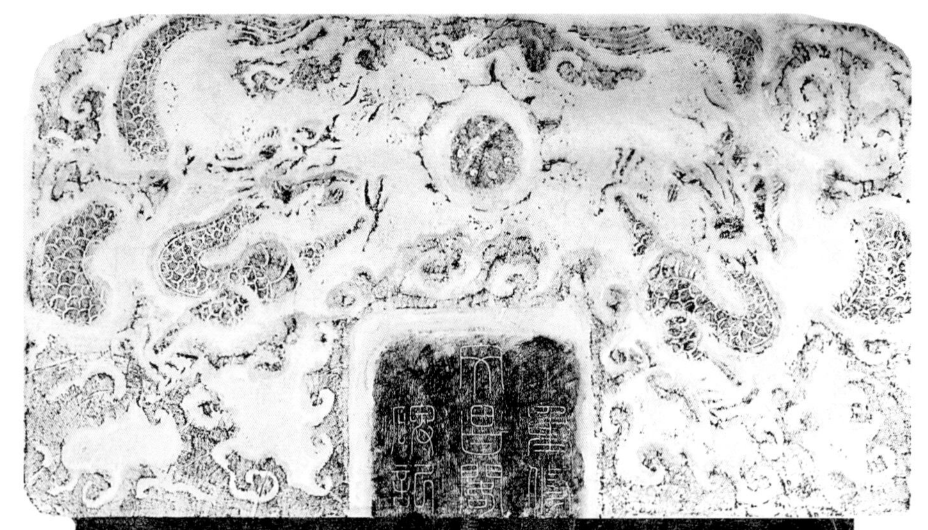

重脩滸墅關文昌閣記

名山大川之所包絡通都巨鎮之所輻湊往往崇飾祠宇庋奉真靈非徒標形勝也以廷神庥以飭人紀實與政典相表裏在

易觀之彖曰聖人以神道設教厥義古矣維滸墅關文昌閣前明萬曆年始建

國朝康熙二十二年重脩蓋江水自京口南下直繞郡垣斯關距郡二十餘里實為鎖鑰角形家言鑿深築高俾文峰聳起上為傑

閣崇祀聖像東以虹橋環以月河迄今幾二百年松岡聳翠層檐切雲吐麈海之蓬山即蘂珠之別館先達南畇彭侍講記之

蓋詳乾隆五十二年冬余攝榷篆言涖斯關齋心登謁顧瞻椽桷朽折是懼計重脩時又百年矣作而新之詎可姑待會榷使

四公旋来斯任欣然協謀凡諸僚屬亦多樂依用集勝因越四月工竣敬維

帝君先天啓化歷代闡靈垂示寶訓重以名儒纂録列布奕禩家喻户曉顧或陽奉陰違何耶豈怵於所及見忽於所不及見耶夫

神天之理也人之心也顯之大廷廣衆微之屋漏衾影昭布森列悉覩悉聞苟有愧於心即不可對於神今是閣也當三吳之

要衝凡仕宦商賈吏胥百役下及婦孺莫不翹瞻竦跂又況丹梯峻上寶座凌霄香靄非烟靈旂曳景登斯閣也未有不穆乎

神凝凜乎深省者然或不踰時而怠矣不旋踵而肆矣可乎哉可乎哉誠知 帝君之神威靡不周徧 帝君之寶訓不容踰

越於以勉勉循循樂善不倦而昭事不回庶無負前聖神道設教之旨也夫閣成宜有記因廣其義以勗登斯閣者閣之後為

玉皇殿及左右堂室律師徐来鴻勤募三年以克有成宜附書銘曰

乾緯宣精紫微環極於鑠六府維

帝時式在天列星在地偉人歷十七世憂勞保民寶訓諄詳婆心苦口夢呼之覺溺援以手洋洋滸水南北通津帆檣如織僉曰利

名桂宮雲起靈心眷止佑我邦人科甲鼎峙允矣科甲錫孝與忠禍淫福善若影相從毋曰神遠日監在茲毋曰爾室鬼或以

闚敬之敬之自求多福服教畏神匪伊禱祀

聖主壽昌多士觀光維

帝翊運扶漢分章山峩以崇水環而碧聿占棟隆永哉無斁

旹

乾隆五十有三年歲次戊申季春中澣穀旦

賜同進士出身

誥授資政大夫兵部侍郎兼都察院右副都御史巡撫江蘇等處地方提督軍務兼理糧餉加一級閔鶚元譔

誥授中憲大夫

欽命督理蘇州織造事務兼滸墅關監督内務府員外郎加五級四德書丹

重修浒墅关文昌阁助银碑

【释文】窃吾关镇兴贤桥文昌阁道宗太上法衍丘祖累代相传遵承勿替然世运遭际盛衰无常凡为住持者缵承先代遗绪而能世守教业则亦心无愧祚差堪告慰于列祖矣至若阁中所有田产系道末养命之源应知所以谨守遗传是为监院者之天职要知本阁田产均由列祖苦心孤诣得来岂可忽视至欲追踪详细可从吾阁系牒考证中求之□自民国肇兴曾奉　大总统颁有人民信教自由及著地方长官保护寺院庙产古迹专条至称奉令维谨保守庙产未敢或懈窃尝自忖根基浅薄岂能遂料后世第鉴夫近今世风日下□靡成习道家法绪亦渐默移证今察来殊觉寒惴为特迭与师弟朱至和议将本阁祖□田产坐落亩数及粮赋户名等勒石表志供诸大鉴期垂永久藉杜不肖后世或存觊觎抵卖之心想亦浒关镇护法山王断乐闻焉三载议成爰付□□

民国十四年乙丑月孟夏之吉二十一世监院王至称师弟朱至和并识

谨将田数户名开列于后

文昌阁户名（略）

长洲二都六图帝字圩（略）

【尺寸】35cm × 71cm

【地点】浒墅关文昌阁

永禁藉尸骚扰布告碑

【释文】特调江南苏州府正堂随带军功加二级又加三级纪录三十三次冯

严禁藉尸骚扰及惧累移尸之恶习以安民业以恤尸骸事照得路毙乞丐及江河浮尸各处均常有之事如验无伤痕不过立案示召尸属领埋即可随时完告毋庸辗转累民乃访闻苏属地方一遇此等尸骸地保居为奇货一经报验即沟通书役后藉买棺盛殓及官后船只水脚为词藉端索需名曰尸场使用任意饕餮饱其欲壑因而地主居民畏其骚扰扰往往将尸私自掩埋或藏木排之下或移余大河之内任其漂失葬于鱼腹不特死者殊堪怜悯即移尸之人被人首告转罹重咎若不严切禁止何以恤骸骨而安民业除详请臬宪转详饬禁外合先剀切示禁为此示仰府属军民地保人等知悉嗣后如遇前项路毙流尸即时报官验殓一切尸场使用各色永行禁革毋许丝毫累及闾阎其应用棺木饬令施棺各堂给棺盛殓毋庸地保买棺以杜借口庶可省滋扰而除积弊此番示禁之后居民人等既无累可畏凡遇无名尸身即当据实鸣保报县不得仍行私自掩埋遗弃漂失至蹈弃尸遗失之罪倘该地保等罔知禁令再敢藉尸需索许居民人等指名控究定当从重究办各宜凛遵毋违特示

八都九都十二图士民吴锦栋　杜皆吉堂　金餐霞　江宪远堂　沈　枢　倪华萼堂　姚本立　李春和堂　蔡景华　伊源海　汤景章　祝鼎丰　周风来　刘紫霞　公立

乾隆伍拾陆年拾贰月　日示

【尺寸】138cm×70cm

【地点】浒墅关原吴县中学

特調江南蘇州府正堂隨帶軍功加一級又加三級紀錄三十三次高
乾隆伍拾陸年拾貳月 日示

永禁私宰耕牛事布告碑

【释文】钦命江南江苏等处提刑按察使司按察使兼管驿传事加十级纪录十次百　为
据禀勒石永禁私宰耕牛事　照得大飨始尊元武鞭春特重耕犁牛只虽同列于六畜之中而裨益农民其功甚大驾车则多资负载力田则全代耕耘小民终岁勤劬动需倚赖是以宰杀贩卖初犯枷责再犯充军偷盗则计只定罪自枷杖以至军绞定例何等森严有犯岂容不究况查苏城并无牛贩往来绝少菜牛其所宰剥者虽称有病牛只售卖汤锅实则尽属农民所畜苟非窝伙偷窃则市肆屠戮适从何来明系棍徒开局私宰包贼消赃以致下乡肆窃民不聊生试思食力农民失一耕牛惨同子女投保诉状无论原赃能否追给而家业早已荡然况此所失之牛又复死于非命人心澌灭天理何存本司于下车时即密访查拏出示晓谕在案兹据举人王寿祺谈晋昌生监韩际昌顾翔钱士锜潘世锦李清杰等呈请勒石永禁前来合亟勒石永禁为此示仰按属军民地保人等知悉嗣后尔等务须及早改业谋生自保身家倘敢怙恶不悛仍前盗窃民间耕牛及知情窝□宰剥者一经确访或被首告定即按名严拏照例从重治罪邻保人等知情容隐察出一并坐罪决不姑贷各宜凛遵毋贻后悔须至碑示者
嘉庆十二年十一月　日率同苏州府知府唐元和县知县刘长洲县知县韦吴县知县石　张辰书

【尺寸】92cm × 48cm

【地点】浒墅关原吴县中学

欽命江南江蘇等處提刑按察使司按察使
嘉慶十二年十二月

永禁高抬洋价以及搀搭禁钱诸事布告碑

【释文】钦加同知衔特授江南苏州府长洲县正堂加十级纪录十次万　为

给示勒石永禁事同治十三年十一月初一日奉署布政使司应　批据机户钟履云沈洪文钟裕德严万仓陈在田夏德秀呈称住居长邑西乡均系织席生理糊口每投牙销售任其抽用而各镇各牙搀搭禁钱高抬洋价明则抽用暗则射利泣念身等□艺经营本短利微难堪遭此剥削查机户与牙户向归足串制钱出入交易洋价照时遵奉前大德碑示令□□□兵燹之后各牙故智复萌教前尤甚迨至上年二月间身等叩求长廉荷蒙明示各牙机户公平卖买钱串出入概用通足制钱照章抽用不准和搭禁钱□□□□并机户亦不得收短尺寸等谕有案可稽身等恪守定章断不敢有违自蹈其辄而各牙皆阳奉阴违只缘小户投牙销售席数甚微难向其较□□□仍然效尤相习成风而身等均爱其苛刻矣再抽用一层向例织席四条名曰一同阔大者抽用十文中者抽用七文狭小者不过四五文令但计钱数一体抽用□□□□昔年增加数倍身等买料织成工本倍大易钱糊口尚艰岂能抽扣五分之用较之各镇米用抽扣三分尤为悬殊身等万难以卵敌石若随时禀究生□□□□不已为此沥情环求宪恩颁给示谕禁遏以垂永久伏乞恩准给示勒石永禁各牙不准和搭砂广高抬洋价克扣短串俾得咸知等情奉批该机户织席发卖系属小本经营向来既以通足制钱出入自应公平交易今据呈各牙行等于应付席价辄敢搀搭禁钱克扣短串以及高抬洋价如果的确实属克扣病民仰长洲县立即遵照出示严禁勒石永遵不准再有前项情弊如违提究切切抄粘碑摹附发等因并发碑摹抄粘到县奉此合行给示勒石永禁为此示仰各该席行暨织席户人等知悉自示之后该席行买卖草席应付席价概用通足制钱出入公平交易银洋□照依时价合算如再违禁高抬洋价以及搀搭禁钱克扣短串情事许织席户指名禀县以凭提究决不宽贷各宜凛遵毋违特示遵

同治拾叁年拾壹月初十日示

【尺寸】126cm×79cm

【地点】浒墅关原吴县中学

欽加知府銜特授江南蘇州府長洲縣正堂加十級紀錄十次馮

特示

同治拾叁年拾壹月初十日示

浒墅镇公园记碑

【释文】浒墅镇公园记

欧美都市有公园以剂其民之精神筋力于轨物之中凡从事政治学术工商者服务之暇有所寄焉于吾先哲岁修息游之义近之今吾国都市莫不有公园非不壮美也而泄沓于供乐者日多得非人心风俗之病欤其病之原在无政教在无职业都市之民不耕不织席先人余荫好逸恶劳若天性求学则蹈虚袭故浅尝辄止服贾则操奇计赢心计不出国门家已落而鲜衣美食无求以自振之道父兄不鞭策官吏不督责故游民之遨于公园非公园之咎也丁子南洲为吴县第一区区长风绩甚茂其治事之所在浒墅镇比为其地辟公园兼设图书馆盖道路桥梁平治过半县令以是模范全县则公园图书馆之设殆不可缓予尝闻欧美村镇之公园多于城市儿子福熊自英伦归问之而信且尝草英国之花园村一文登生活周刊具列其建置主旨组织沿革及行

政设备文数千言综括言之工农业既盛大必有以张弛其劳逸工人之作苦于城市生趣尤污恶是故英国之花园村移工业以入村落工厂之侧必有广场工房之间必构清境工人陏操作眠食日与天地草木相接虽勤不怨虽惰亦奋境象之感人也如是夫若吾浒墅丁子所经营何其适合于英制也浒墅为吴下新蚕业所荟萃蚕业学校实开其先制种场合作社参错林立而纸版垩矿业亦日昌举所容男女工数千人其地旧为米市农产丰多而制席亦为副业所赖以仰给之工农亦五万以上工农之见闻歧而知识启役于人如牛马然居于室如樊笼然则辍工太息曰吾生何为者此意萌则隐患伏丁子敏于事而知政要曰此予责如治水然宣泄使畅峻堤防末矣乃就汉陈平庙场地七亩治为公园有短草之坪有因树之亭有渐成之林道如砥而□□如鉴而深篱树青青然球具森森然设施粗备矣虎邱□□□□□□

滸墅鎮公園記

縣美都市有公園以劑其民之精神筋力於軌物之中凡從事政
治學術工商者服務之暇有所寄焉於吾先哲歲脩息游之義近
之今吾國都市莫不有公園非不壯美也而泄沓於供樂者日多
得非人心風俗之病與其病之原抵無政教在無職業都市之民
不耕不織席先人餘蔭好逸惡勞若天性未學則蹈靈馨故淺嘗
輒止服賈則操奇計贏心計不出國門家已落而鮮衣美食無求
以自振之道父兄不鞭策官吏不督責故游民之遨於公園非公
園之咎也丁子南洲為吳縣第一區區長風績甚茂其治事之所
在滸墅鎮比為其地闢公園兼設圖書館蓋道路橋梁平治過半
縣令以是模範全縣則公園圖書館之設殆不可緩予嘗聞歐美
邨鎮之公園多於城市兒子福態自英倫歸問之而信且嘗草英
國花園邨一文登生活周刊具列其建置至旨組織沿革及衍

政設備文數千言綜括言之工農業既盛大必有以張弛其勞逸
工人之作苦於城市生趣尤汙惡是故英國之花園邨移工業以
入邨落工廠之側必有廣場工房之間必構清境工人惰操作眠
食日與天地艸木相接雖勤不怨雖惰亦奮境象之感人也如是
美若吾滸墅丁子所經營何其適合於英制也滸墅為吳下新蠶
業所薈萃蠶業學校實開其先製種場合作社參錯林立而紙版
墾鑛業亦日昌舉所容男女工數千人甚勉奮為來市農產豐多
而製蓆亦為副業所賴以仰給之工農廢五萬以上工農之見聞
歧而知識啟發於人如牛馬然居於室如樊籠然則輟工太息曰
吾生何為者此意萌則隱患伏丁子敏於事而知政要曰此予責
如治水然宣洩使暢峻堤防末矣乃就漢陳平廟場地七畝治為
公園有短艸之坪有園樹之亭有漸成之林道如砥如[illegible]
而淡籬樹青青然球具森森然設施粗備矣需[illegible]

大□□□天平华□□□环其东西□□□□□□□□□□□匡□□□□相对匪惟□其劳累也而□慧□□□□□□□□书□□□□□书以资绌未□置期□□蒙惑□□□□□□□□□□□先钱凡□银三千五□区□□足则□□□□□□□已□□□□集期月蕆工区长镇长□□□公□□□□□□□□馆□□纲举目张丁子倡导于前群众□□□□□□□□□□也□工农游憩于是熙来攘往无憔悴可怜之□□□□□□□气□而后工商之基业□英之花园村固非一□□□□□□□彦创立新村愿力□□亦未可比□而群众之涌□□□□□□真则一也既牒县报可复请予□□事予按浒墅□□□□□□院适当其处建于明嘉靖□□□金田之难□州□□□□□□关义塾□浒墅明清□□□□□□□阛溢关使者□□□□□□舍弦诵教□□□以□□□□□乡先生范文正□□□□□□

习文正也久随在而寓其思慕今天下汹汹外患日□□□□□慷慨论列时事或为国捍边如文正当日者乎藉曰不□□□□文正先忧后乐之遗言丁子为工农谋乐利岂非知忧患□□□工农乐则天下乐乐不可极乃泽以诗书犹之关使者设文正书院意而为用则弥深切吾又尝闻浒墅号雄镇在昔贡藉甚希镇人耻其无文噫唐宋以来吴之人文甲东南求如文正文武体用者几人文正舍宅为郡学明庠序之教岂以规形势为士子梯荣地正惟郡之士科名辈起而风习日偷如吾文所讥者正惟浒之民不足以秀孝自见而农工并进亦如吾文所称者丁子与浒墅之民勉之哉世难方殷愿都人士稍减其游观以自力于职业洎夫生涯之有所托而后求行乐之地且甚望浒墅公园能如予所厚期而不为人诟病也管其事者暨来游者其志之

吴江费树蔚撰　吴县顾廷龙书　古吴黄慰萱刻

【尺寸】94cm × 46cm × 4

【地点】浒墅关原吴县中学

習文正也久隨在而寓其思慕今天下洶洶外患日
慷慨論列時事或為國捍邊如文正當日者乎藉曰不
文正先憂後樂之遺言丁子為工農謀樂利豈非知憂患
工農樂則天下樂樂不可極乃澤以詩書猶之關使者設文正
院意而為用則彌深切吾又嘗聞滸墅號雄鎮在昔負藉甚第
人恥其無文噫唐宋以來吳之人文甲東南求如文正文武體用
者幾人文正捨宅為郡學明庠序之教豈以規形勢為士子梯榮
地正惟郡之士科名輩起而風習日媮如吾文所譏者正惟滸之
民不足以秀孝自見而工農並進亦如吾文所稱者丁子與滸墅
之民勉之哉世難方殷願郡人士稍減其游觀以自力於職業洎
夫生涯之有所託而後來行樂之地且甚望滸墅公園能如予所
厚期而不為人詬病也竣其事者暨來游者其志之
吳江費樹蔚譔　吳縣顧廷龍書　古吳黄慰萱刻

明沈伯庸妻章氏合葬之墓墓盖

【释文】故沈伯庸妻章氏合葬之墓

【尺寸】50cm×50cm

【地点】浒墅关镇政府

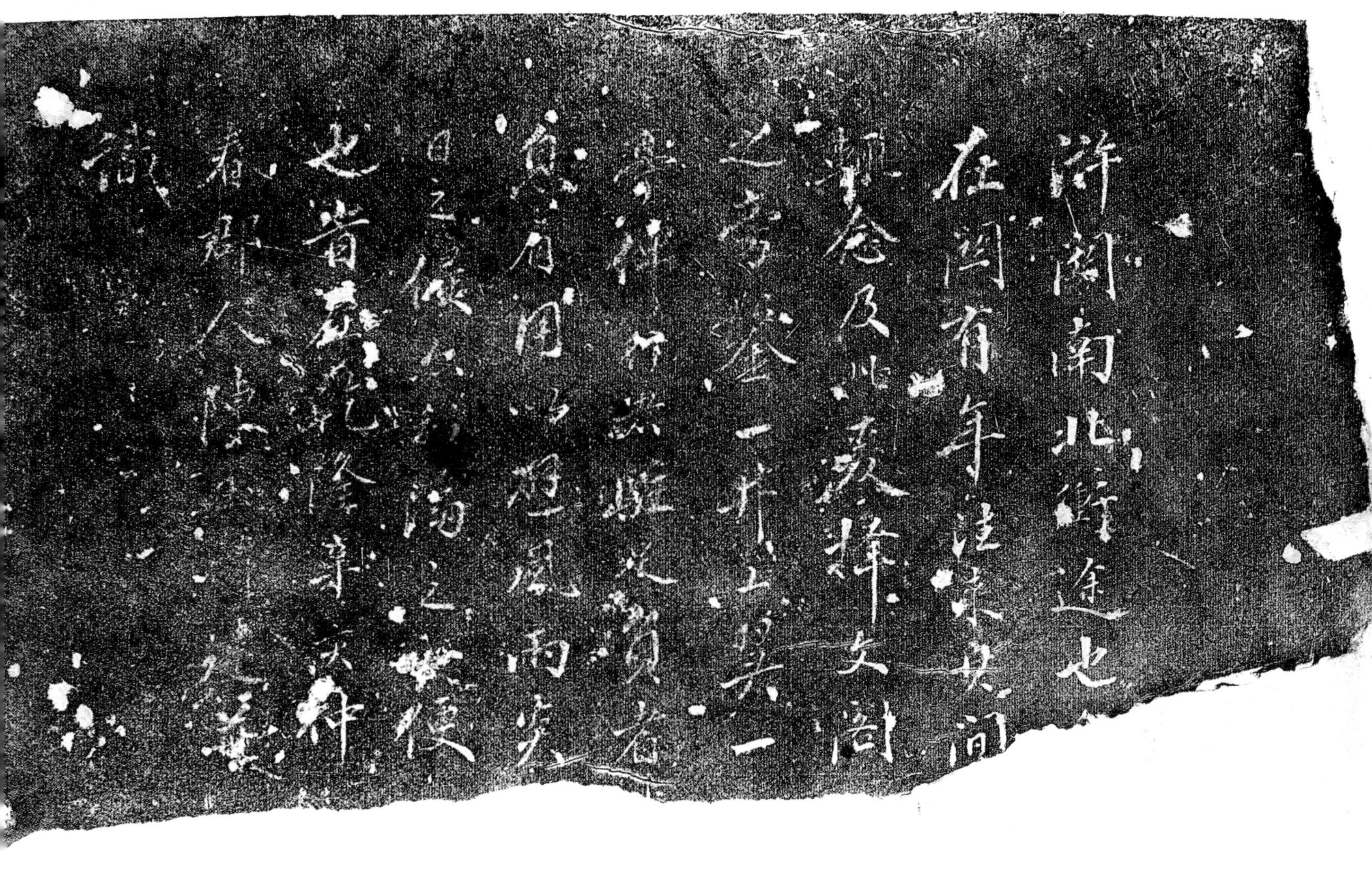

浒关井亭碑

【释文】浒关南北冲途也□在关有年往来其间辄念及此爰择文阁之旁凿一井上翼一亭俾行者驻足负者息肩用以避风雨炎日之侵亦□满之□便也时在乾隆辛亥仲春郡人陈玉□建并识

【尺寸】34cm×88cm

【地点】浒墅关镇政府

永禁挖毁桥塘布告碑

【释文】特授江南苏州府长洲县正堂加十级纪录十次赵

出示勒石永禁事照得嘉庆十九年秋禾被旱仰蒙□大宪轸念民瘼劝捐账济本邑城乡绅商念切桑梓共襄善举统计公捐银易钱二万五千一十四千一百一十一文除动支散赈贫民外余剩钱一千七百六十八千三百五十九文当据董事生员金晋职员周成烈陆德昌等□有西乡一带下塘桥座内除关镇兴贤大桥一座文昌阁至崇福桥止一带塘桥业奉榷宪设法捐廉修办外其余南省□露庵北至金龙四大王庙前起至锡邑交界之望亭止一带桥塘均有坍损倾欹必须修理且沿塘石块甚多往来行旅动多碰搁拟以赈余钱文将塘桥各工酌量修筑石块一律捞开庶文报便于往来舟楫皆可利涉等情据经详明督抚臬藩道府宪批准转饬兴工修建去后今据禀报工竣开呈料工细账前来核计动用赈余钱文外尚不敷钱七百七十三千九百九十九文业经本县养廉给还该董收领所有公办赈务承修桥塘之董事生员金晋职员周成烈陆德昌勇于为善经理得宜除本县给与□□花红奖励外惟查桥塘坍损其始必有该处附近匪徒故将桥塘驳石挖卸河中以冀客舡搁浅起剥藉端勒索□□□重漕舡沿塘停泊或故违定例不由下塘反靠上塘行走以致犁缆拉坍者亦复不少现已修筑坚固诚恐复蹈□□□行勒石永禁为此示仰沿塘地保人等知悉□后尔等务各昼夜巡查如有匪徒暗中挖毁以及粮舡水手仍由□□□泊致损桥塘者许即禀县以凭从严究拟详办该地保□□□□容隐一经察出定提重处决不宽贷地保

嘉庆贰拾年　十一日给

【尺寸】133cm×68cm

【地点】浒墅关镇政府

187

苏州浒墅关新安会馆记碑

【释文】苏州浒墅关新安会馆记

人之贤不肖相去不甚远哉观于浒墅关新安会馆之□兴可以举其概矣乾隆五十一年乡人汪茂枝汪文友黄沛兰吴嵩诸君经商浒墅关创建新安会馆并设善堂曰旅亨俾商贾出于其途乡情易达行旅殁于其地故里能归用心之仁厚为何如也咸丰十年毁于烽火馆舍仅存瓦砾堂基鞠为草莱乡人金敬孚吴啸山二君慨前人创业之艰悯死者羁魂之苦谋所以规复之者庀材鸠工卒成殡房六间市房六所酌取租金藉资岁费法良意美亦既后先辉映矣光绪间凌心圃来司其事用亏公帑盗押房据数椽殡所任风雨之摧颓一带市廛渐宋廇之陊剥乡人邵有昌汪炳林汪琦吴以旭诸君耳有所闻心滋不怿商请苏城新安总会馆控追时余庆祺太守及世球同董总会馆事函禀长邑王公追回契据复经总会馆绅董暨各镇乡人分别募金修葺殡舍埋葬存棺而市房亦一律修整更举邵有昌汪琦两君司理一切余金议建　关帝阁而苦无人董其成会世球于光绪十九年权篆长邑丞乡人举欣欣然而相告曰欲建　关帝阁舍俞君莫属矣踵门而以饬料审形相委托世球谊不容辞勉为担任是年夏五月兴工至秋八月告竣前楹祀　关帝后楹附祀　徽国朱文公金碧落成庄严有象奠四时之俎豆春禴秋尝话千里之梓桑此恭彼敬懿欤美哉虽然我新安会馆之在浒墅关者溯自汪君茂枝汪君文友黄君沛兰吴君嵩创其功中经烽火微金君敬孚吴君啸山之规复几于遗址无存矣再经盗押微邵君有昌汪君炳林汪君琦吴君以旭之请追几于契据复失矣于以叹人之贤不肖相去为甚远也邵君老退继其事者为汪大源君汪琦君司理数年规随不替若世球忝膺总董之任未能常川驻留滋愧不已多乎后之乡人居斯地者仰庙貌之常存念前劳于不朽更相保护妥事经营此则世球与在事诸人所同深祷祀者也是为记

癸丑春月八十一叟星江俞世球谨记

苏州毛上珍侍庭刻

【尺寸】45cm × 78cm

【地点】浒墅关镇政府

蘇州滸墅關新安會館記

人之賢不肖相去不甚遠哉觀於滸[illegible][illegible]
與可以舉其概矣乾隆五十一年鄉人汪茂技汪文友[illegible]
沛蘭吳萬諸君經商滸墅關創建新安會館議設志[illegible]
旅亭俾商賈出於其途鄉情易達行旅殁於其地故此館[illegible]
歸用心之仁厚為何如也咸豐十年燬於烽火館舍僅存
瓦礫堂基鞠為草萊鄉人金敬孚吳嘯山二君慨前人創
業之艱憫死者羇魂之咢謀所以規復之者庀材鳩工卒
成殯房六間市房六所酌取租金藉資歲費法良意美亦
既後先輝映矣光緒間凌心圃來司其事用齋公舒盜押
房據數椽殯所任風雨之摧頹一帶市廛漸棄廢之陊剝
鄉人郘有昌汪炳林汪[illegible][illegible]以旭諸君耳有所聞心滋不
懌商請蘇城新安總會館控追時余慶祺太守及世球同
董總會館事函稟長邑王公追回契據復經總會館紳董
暨各鎮鄉人分別募金修葺殯舍理葬存棺而市房亦一
律修整更舉郘有昌汪琦兩君司理一切餘金議建　關
帝閣而咢無人董其成會世球於光緒十九年權篆長邑
丞鄉人舉欣欣然而相告曰欲建　關帝閣舍俞君莫屬
矣踵門而以飭料審形相委託世球誼不容辭勉為擔任
是年夏五月興工至秋八月告竣前楹祀　關帝後楹附
祀徽國朱文公金碧落成莊嚴有象奠四時之俎豆春
禴秋嘗話千里之梓桑此恭彼敬懿歟美哉雖然我新安
會館之在滸墅關者溯自汪君茂技汪君文友黃君沛蘭
吳君萬創其功中經烽火微金君敬孚吳君嘯山之規復
幾於遺址無存矣再經盜押微郘君有昌汪君炳林汪君
琦吳君以旭之請追幾於契據復失矣於以歎人之賢不
肖相去為甚遠也郘君老退繼其事者為汪大源君汪琦
君司理數年規隨不替若世球忝膺總董之任未能常川
駐留滋愧不已多乎後之鄉人居斯地者仰廟貌之常存
念前勞於不朽更相保護妥事經營此則世球與在事諸
人所同深禱祀者也是為記

癸丑春月八十一叟星汪[illegible]世球謹記

蘇州毛上珍侍庭刻

旌表坊残件

【释文】礼部奏议

旌表

道光元年十二月　日奉旨依议

道光二年四月　日建

光绪三年八月　日重修

【尺寸】45cm×95cm

【地点】浒墅关镇政府

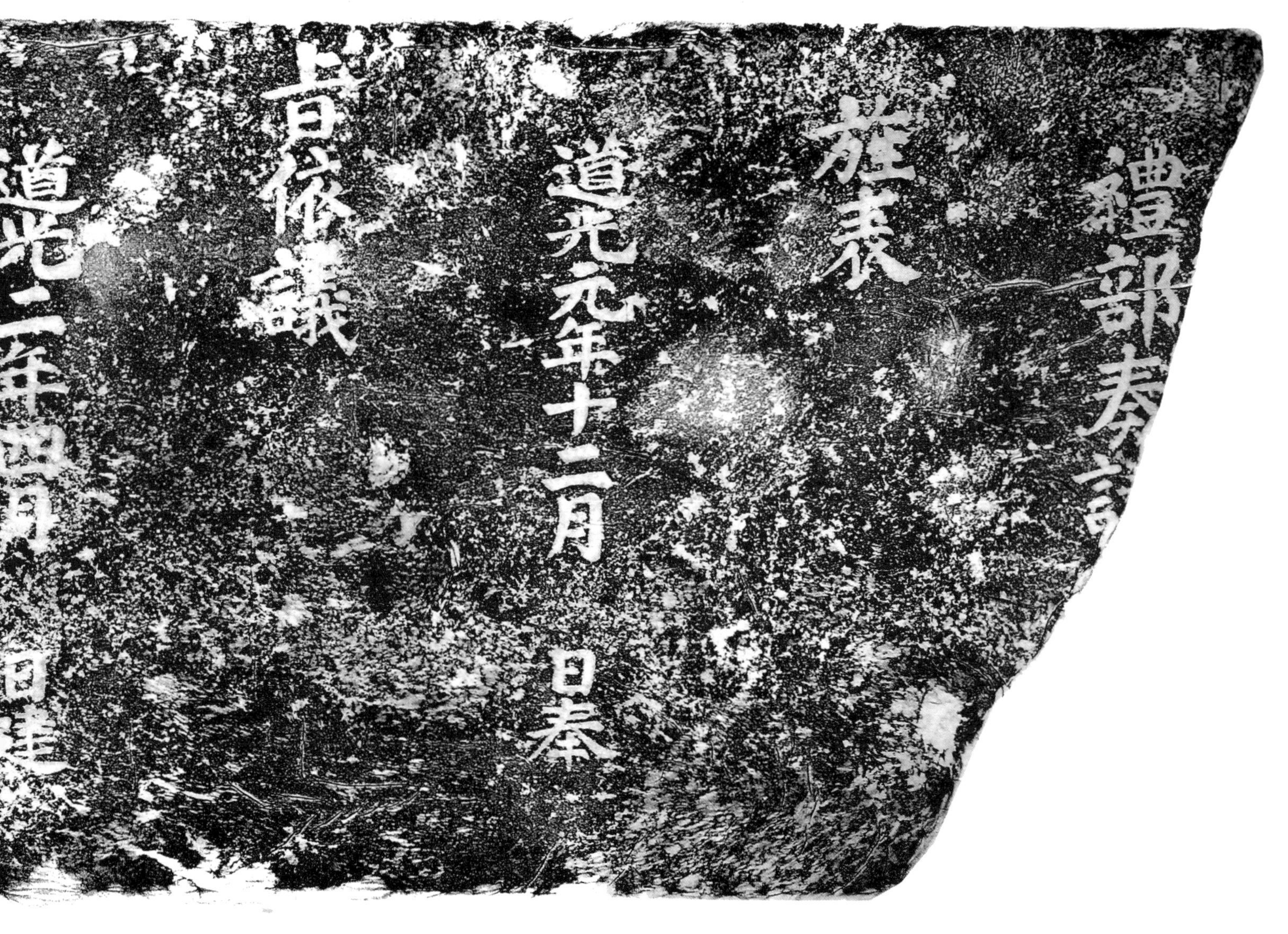
禮部奏請
旌表
道光元年十二月　日奉
旨依議
道光二年四月　日建

永禁侵挪亏空殡房款项碑

【释文】在任候选府江南苏州府长洲县正堂卓异一级呈

给示永禁事据职员郜□府属人民出外经商到□□□汪文友黄沛兰等在治下浒关镇建□病故一时无力盘柩回籍者暂厝殡舍遇□送回法良意美诚善举也咸丰十年毁于烽火堂屋止存瓦砾同治年间复经同乡金敬孚吴啸山等先后倡建殡房六间并市房六所收租捐款以资经费讵被司事凌心圃亏空钱文并将市房盗押禀蒙饬差追回完案诚恐日久年湮经理换人再蹈亏空盗押情事为此谨粘呈堂中房产细数乞即给示永禁等情到县据此除批示外合行给示永禁为此示仰该堂司事人等知悉须知堂内办理一切善举所需经费全赖堂产租息抵支自示之后不得将堂产私行盗押常年用款亦须量入为出不准侵挪亏空倘敢故违一经该董指名禀县定即提案从严究追决不宽贷其各凛遵毋违切切特示　遵

光绪拾捌年拾贰月初拾日示

【尺寸】107cm×70cm

【地点】浒墅关镇政府

在任候選府江南[illegible]

給示永禁事據職員[illegible]

府屬人民出外經商[illegible]

汪文友黄赤[illegible]等在滄下[illegible]

病故一時無力盤柩回籍者暫厝殯舍遂[illegible]法良[illegible]美[illegible]也[illegible]

火堂屋止存瓦礫同治年間復經同鄉金敬孚吳嘯山等先後倡建殯房六間並市房六

所收租捐款以資經費詎被司事淩心圃虧空鏹文並將市房盜押稟蒙飭差追回完案

誠恐日久年湮經理換人再蹈虧空盜押情事為此謹粘呈堂中房產細數乞即給示永

禁等情到縣據此除批示外合行給示永禁為此示仰該堂司事人等知悉須知堂內辦

理一切善舉所需經費全賴堂產租息抵支自示之後不得將堂產私行盜押常年用款

亦須量入為出不准侵挪虧空倘敢故違一經該董指名稟

縣定即提案從嚴究追決不寛貸其各凜遵毋違[illegible]切切特示

光緒拾捌年拾貳月[illegible]日示

残碑

【释文】■来商船之停泊胥攸赖焉乾隆年间■崩坼徒涉者病其艰舣舟者虞其险
■之慨然曰此使者责也其沿塘神祠■祀典宜崇观瞻所系又本境土谷之■以整饬之非所以崇呵护也爰于■水吉兴作工必择其良材以择其■百丈有奇桩□□□者■

【尺寸】79cm×43cm

【地点】浒墅关镇政府

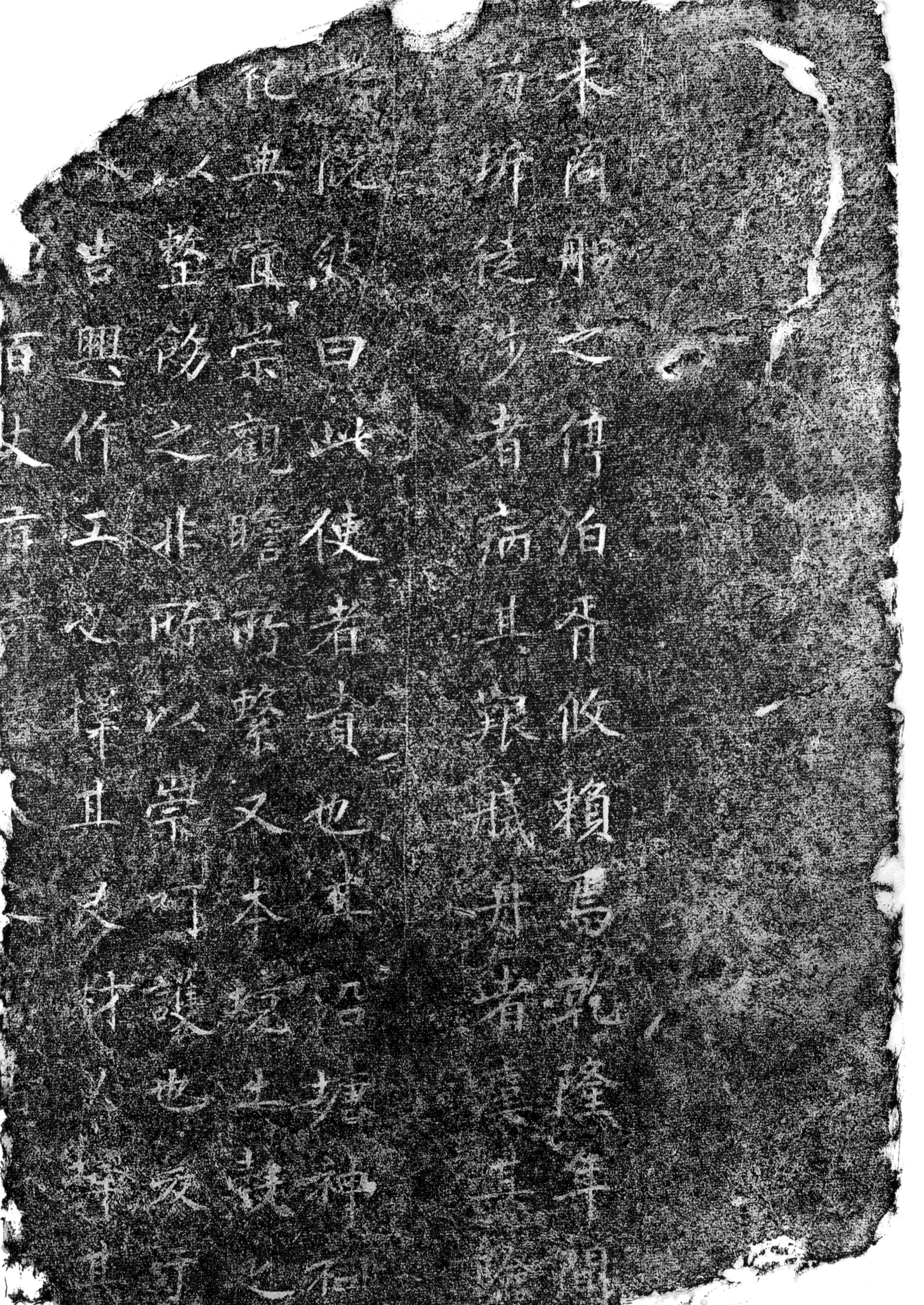

『春风吹满锦峰山』组诗碑

【释文】春风吹满锦峰山化洽弦歌一载间关树惯迎旌节莅江云又护使来还重臣勋望□□多士□华见豹斑指点画图传美绩三吴寒畯又开颜

补衮宣猷兼度支津梁云日丽□时泽鸿渐远哀鸣息画鹢纷来启税迟（上冬因岁叹各关俱修五谷之税今秋浒关开征迟于他省）自酌清泉甘澹泊却营广厦恤疮痍虎嘐杨柳丝寸里尽系苍生去后思政余督课讲帷开绣毂朱轮月□来地辟鹅湖勤劝学赀分鹤俸厚怜才每经陶冶成佳士伫见星辰列上台风水霓裳仙乐谱有人高唱紫云回（院中肄业生已有举省试者）

东阁琴尊与宴频敢夸藻鉴在群伦谬承坛坫虚前席愧少文章谒后尘（■）别思遥复□村远政声长共召棠新□□笑荡重来日手种松枝□作鳞

甲午十月奉送

【尺寸】60cm×97cm

【地点】浒墅关镇政府

嵒風吹滿錦峯函化洽弦
歌一載間闕樹犢迎旌節
蒞江雲文[illegible][illegible]愛重臣
勳望[illegible][illegible]多士[illegible]華見
豹[illegible][illegible][illegible]畫圖傳[illegible]績三
吳寒[illegible]開顏
補玄言訣兼度文津梁雲
日麗學書澤漏漸遠冢鳴
息畫[illegible]紛來散梲遲
目酌遺泉甘澹泊部
營廣[illegible]印瘡痍寬畛楊柳
絲[illegible]盡繫蒼生去後思
餘[illegible]課講帷開補載朱
輪月來地闢舊湖勤勸
學[illegible][illegible]鍚俸厚儲于每經
陶[illegible][illegible]惟[illegible]安見星辰[illegible]

虚堂黄先生像赞碑

【释文】虚堂黄先生像

自儒行衰而二氏迭兴然禅宗盛行道门恒不能与之抗近□□□□□□□穹隆阐教演法四方争崇信之虚堂黄先生继出先得内炼诀于鹤岭山人后迎从王昆阳律师受丘长春真人戒法持成精进遂印证宗旨道流高行之士翕然向风先生与铁竹虽宗派不同皆以戒行高严诚孚后学所谓外晹元风内毖儒行者也窃惟二氏之说吾儒所不讲然其中有未可概论者即以道教言之夫拜诵科仪愚俗浅陋而符箓矫诬金丹误世此三者其不足尚宜也乃若常清常静纳钩链形此山林寂莫之士所以放乎无为即朱子亦尝注参同契此其用意固无恶于天下而修真之辈其为教虽主乎冲举要必以积功累行为根本又其精者则扶植纲常反求心性于是有净明忠孝之说其人类皆能自刻苦济度斯世儒者□词章口耳之习实行不修本原芜秽辄欲据先儒绪论辞而辟之是奚足以服其心哉先生名衮字山□世家吴中其先世固以儒显前明正嘉间有五岳公讳省鲁质山公讳姬水父子并以诗文著名先生幼警敏食饩于庠试辄高等性至孝执亲丧哀毁骨立孺慕终老不衰生平重祠墓辑宗乘训子孙有景行集家范等书传于世每月晦必焚香嘿坐自讼一月所为其立身制行固无愧于儒宗矩范矣晚而栖心寂静丹经秘要靡不研究而规律精严尤彰彰在人耳目盲禅之拈椎竖拂也是禅家之魔也为老氏之学而徒以科仪符箓服食诸说煽动一世亦何异是得先生为神砭道门有人宗风其不坠矣乎康熙癸亥榷关部使者黄公懋于浒墅之南建文星高阁镇曰太微律院延先生居之远方来受戒者甚众丙寅七月因欲礼长春真人遗塔远涉京师设戒万寿宫归之日辇下诸公皆以先生渐高宜及时栖隐爱护道体为嘱浒墅学者仰先生高风而勿能谖也为图像于石以诒后人余向从乡曲或与先生□见其胸怀磊落风趣高迈洒然如光风霁月知其道气有过人者学者瞻像当自得之若其诗□□□□□□□□□□□□之功相近即像有不能尽传者铁竹■

【尺寸】106cm×71cm

【地点】浒墅关镇政府

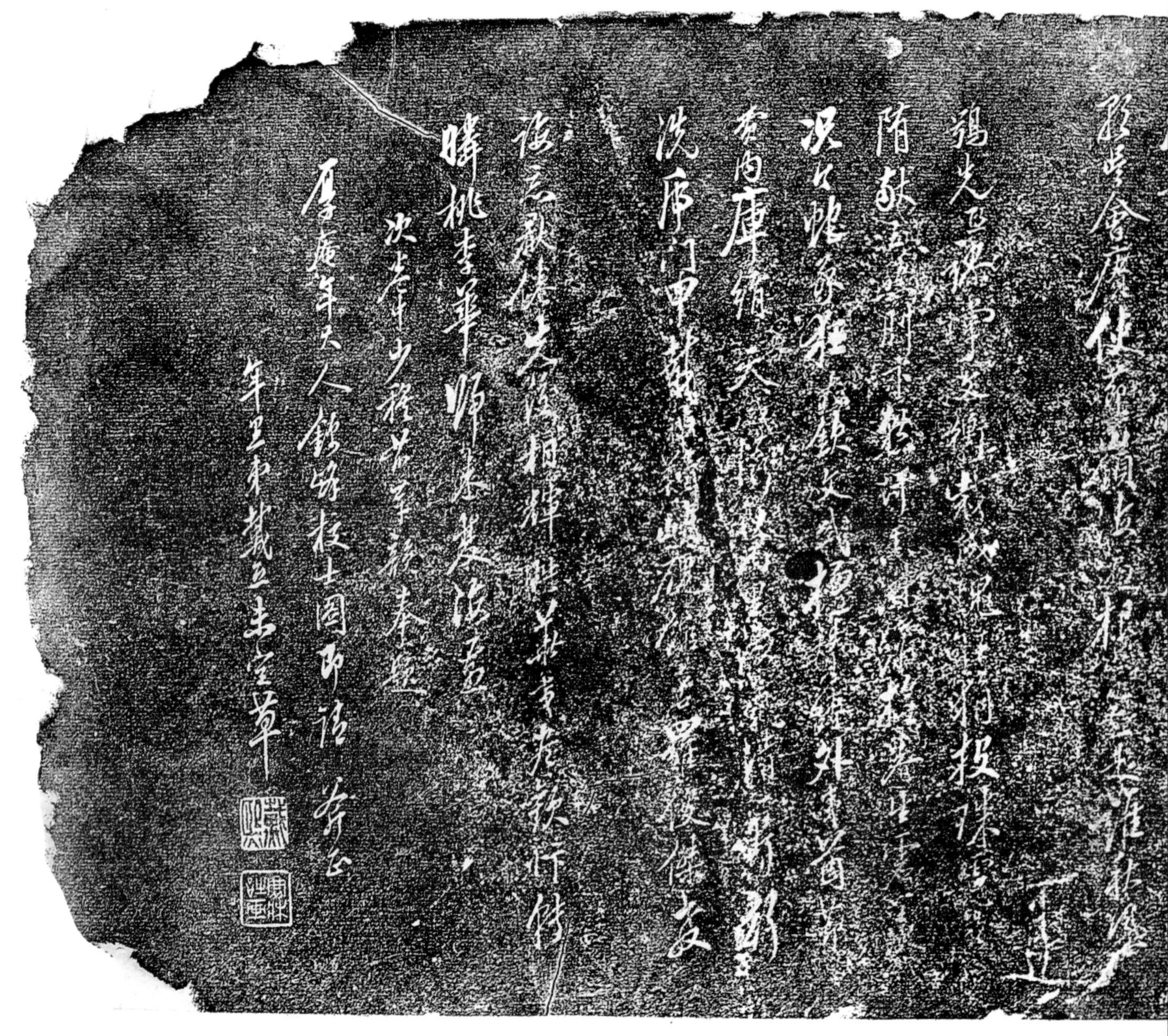

戴熙题《锦峰校士图》诗碑

【释文】上古治天下垂裳著义传端拱坐世为英贤满丞掾不外五章服别启五明扇补衮职分授观象俗自变中古政渐歧乃辟崇文院舍流荀穷源有若镞在箭刘君尚衣卿家声风雷洊管篙司东南勾稽资利便余另开讲堂始基踵往彦文章可华国思并黼黻荐清风振岩穴膏雨泽寒贱广厦柘万间佳士罗四甸锦峰虽如锦不及文字绚醰醰探精心弈弈开生面高才沧海珠名句澄江练铅椠数百人冰雪百千卷而君方承欢鲤庭尝燕见借彼五侯鲭佐此先生馔甲乙操冰鉴胜负鏖文战相继头角露咸赴苹蒿宴当时洽人心指水承天眷诗歌吴会赓使节岭海遍报寂知是谁秋风一鹗先熙谬掌文衡裁成愧狂狷投珠虑失陌献玉愁刖卞惭汗真淋漓抚卷生虚羡况今蛇豕狂尤钦文武擅赞缚外夷囚节费内库绢天威摄万里海氛清一片行洗虎门甲载紬羚峡砚馆舍罗俊杰教诲忘厌倦先后相辉映华夷尽欢忭转瞬桃李华归来双海燕

次卷中少穆前辈韵奉题厚庵年大人锦峰校士图即请斧正

年愚弟戴熙未定草

【尺寸】50cm × 95cm

【地点】浒墅关镇政府

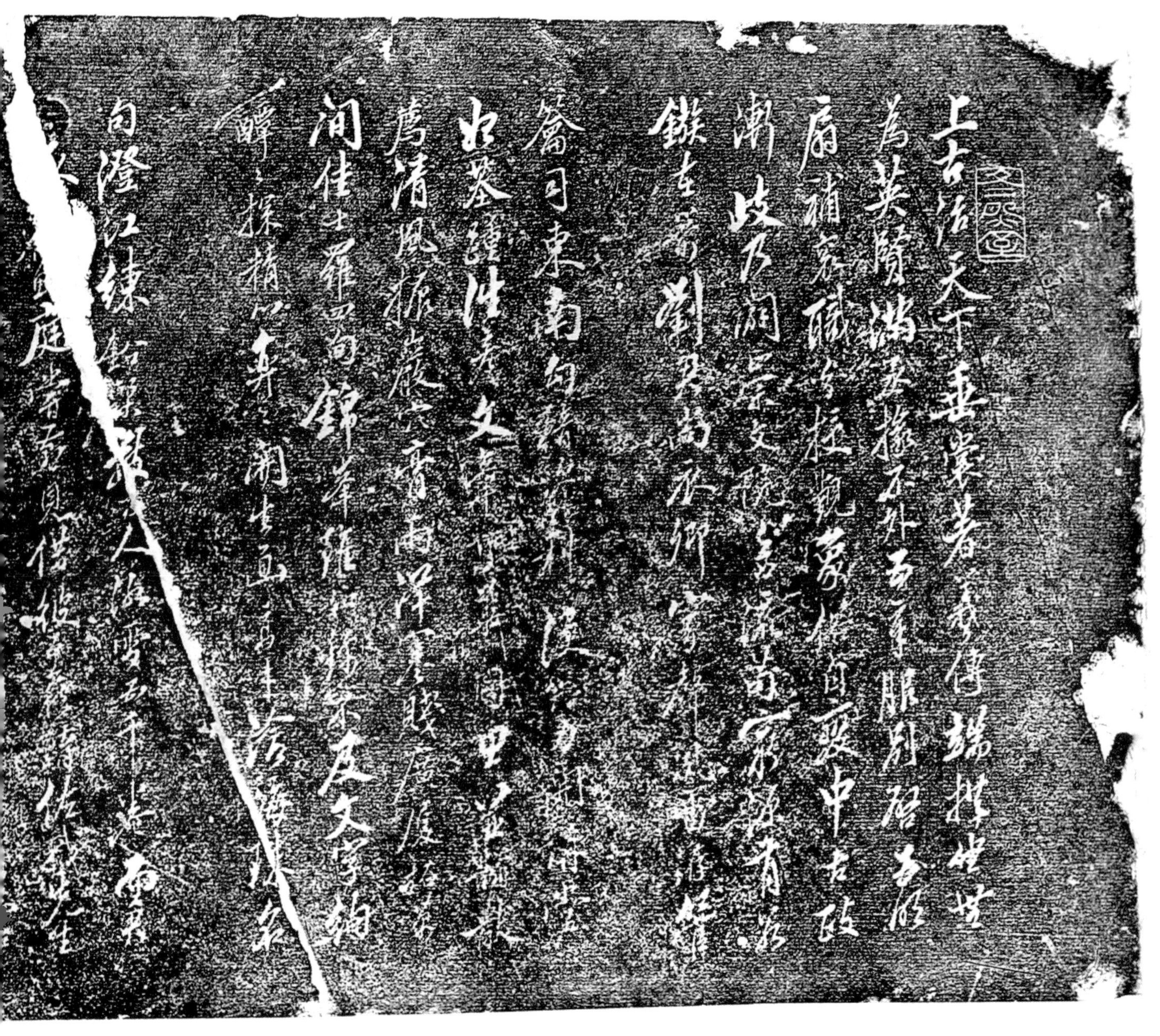

陶澍题《锦峰校士图》诗碑
【释文】■载燕
奉题厚庵大兄尚衣锦峰校士图
即次少穆中丞请正
云汀弟陶澍草稿
【尺寸】35cm×35cm
【地点】浒墅关镇政府

東[illegible]

奉題

厚庵大兄尚衣錦峯校士圖

即次少穆中丞韻請正

雲汀弟陶澍草藁

欧阳子瑄题灵济白龙庙诗碑

【释文】（鹤径行将遍）寻幽到（此亭苔痕侵砌）绿竹（影入帘青野鹿时）衔（果山猿夜听经慈航如可渡送我过沧溟）

翠竹黄花映眼明（倚）栏闲咏不胜情芝（田）野鹤归来晚松顶长鸣入梦清湖南欧阳子次韵

【尺寸】50cm × 70cm

【地点】私人家藏

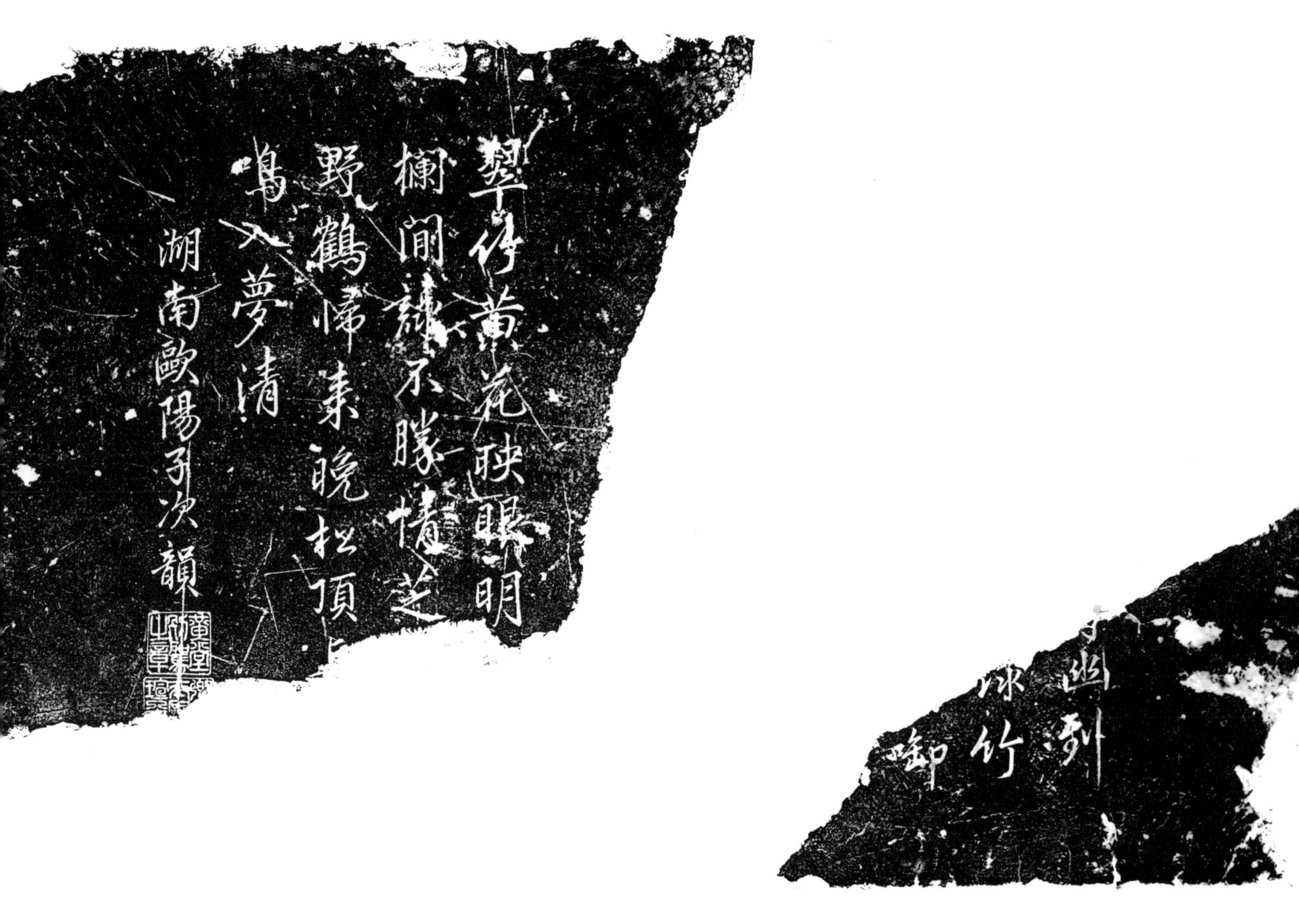
翠竹黄花映眼明
檻間蕭灑不勝情
野鶴歸来晩松頂
鳥入夢清
湖南歐陽子次韻
幽
列
竹
御

天远堂匾额

【释文】天远

阳羡先哲邵明瞻与苏东坡交最笃坡公游江南特过阳羡访明瞻并携来西蜀海棠一株赠之公居常州时二人过从尤密明瞻尝乞坡公书天远堂扁额今书额及海棠尚保存在宜兴永定邵氏宗祠千年古物殆若有神物呵护之也岁丙子予友邵先生克培与其群季申培辛培及妹淑云女士合资设蚕种制造场于浒墅关即以天远名场今岁秋复拓天远二字制扁榜于堂想见克培先生诸昆季能恭先世不忘其本而登是堂也于先哲襟怀高旷若或接之尤令人穆然慨慕于无穷云

中华民国三十年双十节

武进吴山秀谨跋并书

【尺寸】70cm × 275cm

【地点】浒墅关天远蚕种场

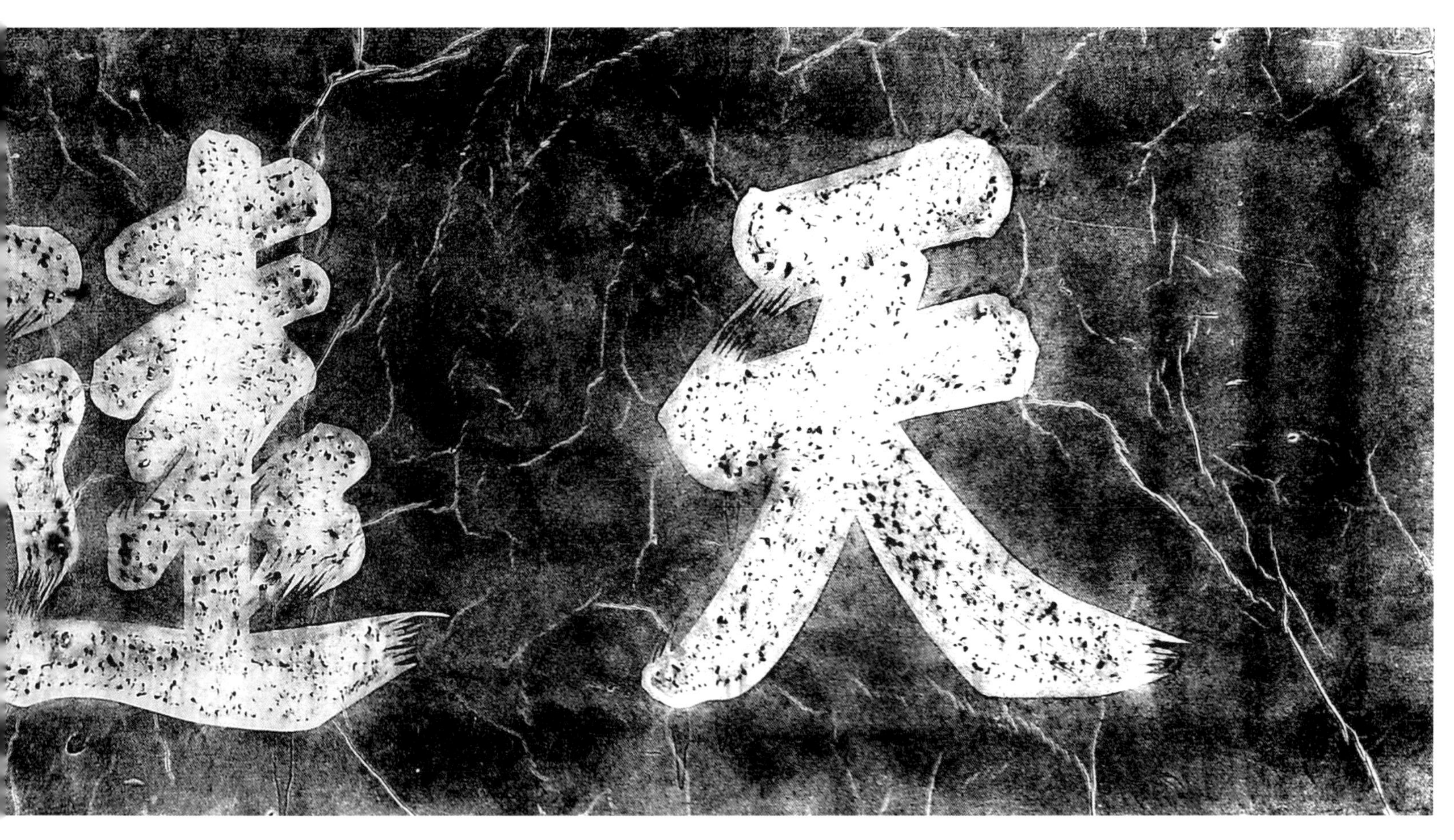

龙柏亭记碑

【释文】龙柏亭记

晋阳山缪氏产龙事甚异然载之山经列之郡乘传闻于故老之口实赋咏于名流之笔端皆凿凿乎非稽神志怪之言也今其冢隆然柏郁然自隆安迄今有祷辄应俎豆钟簴千秋不废矣往者郡邑大夫惮干旌之远涉也移其祀于澄照名东白龙而此云西白龙在东者衣冠之祭蒸尝不乏西则村翁伏腊而已今岁乙巳吴中大旱入夏五旬不雨田皆龟坼河流如线桔槔声彻夜相闻司农郎王公来董关政悯农家作苦慨然而叹曰我计曹也将邦赋是毗岂其赤地扬尘而望篝满车哉国家将安赖焉乃以六月二十一日斋戒往祷睹兹柏之干霄则竦然而叹寿哉木乎微神物护持焉得至此此可亭而仰也周视祠宇崩圮丹青剥落遂告于龙曰神如不惜马鬣一滴以惠此下民余亦何靳升斗之禄以新尔庙祷罢至二十二日果得雨二十六日白龙现阳山巅明日雨盈寸又明日复雨七月朔雨沾足于是欢声遍原隰莫不喜色相告曰此司农雨也公即割俸首建一亭于晋柏之下署曰龙柏畚锸乍兴甘澍复降民益趋事不日告成乡之田畯父老相率乞余言记诸石余忆少时游阳山夜宿岳山人家天空无云忽有缀炬于柏灿如悬星山人戒取石支扉索绹盖屋客无恐龙归省母也迨五更大风拔木雨随降道上流泉可浮舟厥明杲杲日矣山人言龙性至孝岁以季春三月归视墓及期不爽自隆安去今几千载而龙与柏俱无恙岂不寿且灵哉然龙虽灵匪祷曷应匪诚曷祷祷而弗诚即祷亦茫然耳夫天灾流行旱魃为虐盖靡国不有暴尪移市之令迎龙大雩之典莫非有司之事于王人使者无责也司农公轸念民瘼恻焉兴怀祷而诚诚而应应之不一而足病苗病农咸获再苏且也不难捐帑修庙以答神休此其为志岂区区守一官徇一职而已乎斯柏虽因龙而久可为公异日甘棠矣其他关政宽平不用一切榷榷湔涤弊垢左右洗手奉法莫敢操赢诎之柄千艘万舶咸愿出途请俟修关志者此皆不书公名之都字尔章新城人乙未进士

太原王穉登撰　长洲杜大绶书　郡人陆士仁篆

万历三十三年岁次乙巳十月吉旦　门生施昌时　张□谟　居士廉　董士登　夏九功　张世熙　夏九思　孔尚忠　张弘德　施泰时　徐如羲　施雍时　周太勋　开鼎爵　金论思立石

户部委官苏州府太仓卫经历任绍尧董建　门人顾赤同立　长洲沈本立刻

【尺寸】145cm × 67cm

【地点】吴中区文管会

龍柏亭記

晉陽山縣氏崖龍事甚異於載之[illegible]列之郡乘傳聞于故老之口寄賦詠於名流之筆端皆荒幽神怪之言也今其[illegible]降[illegible]柏[illegible]

每歲安[illegible]今有禱輒應俎豆鐘簴千祀不廢矣往者郡邑大夫俾千里之遠步也躬其祀於澄照名[illegible]白龍而出云西曰龍在東[illegible]

晉[illegible]西則朴前伏臘而已[illegible]巳吳中大旱入夏五旬不雨田皆龜坼河流如線枯槁[illegible]夜相聞司農郎王公[illegible]

然而嘆曰我計曹也將郡縣是[illegible]赤地千里而望[illegible]東[illegible]國家將安賴焉乃以六月二十一日齊戒往禱[illegible]

壽於木乎微神物護持焉得至此此亭[illegible]御也周視祠宇崩[illegible]丹青剝落遂告於龍曰神如不惜[illegible]以惠此[illegible]

以新爾廟禱罷至[illegible]白龍見陽山巔明日雨盈寸又明日復雨七月朔[illegible]

司農雨也公郎剖俸首建一亭[illegible]曰龍柏[illegible]降民益[illegible]事不日告成鄉之田叟人老相[illegible]

遊陽山夜宿岳[illegible]山人家天空無[illegible]松柏[illegible]山人戒取石[illegible]盡屋客[illegible]龍歸者[illegible]五更大風拔木雨[illegible]上[illegible]

泉奇浮舟[illegible]明[illegible]山人[illegible]以季春三月歸視[illegible]及期不爽自[illegible]安去今[illegible]而龍與柏俱無[illegible]不壽且靈哉[illegible]

逝[illegible]誠[illegible]耳夫[illegible]流行旱[illegible]為虐[illegible]不有[illegible]移市之令迎龍大雩之典莫非有司之事於王人[illegible]者

無[illegible]也司農公[illegible]念民瘼[illegible]誠而[illegible]一[illegible]苗[illegible]農[illegible]再蘇且也余[illegible]以答神休此其為[illegible]

官[illegible]一[illegible]而已[illegible]雖[illegible]而久[illegible]公[illegible]日甘棠[illegible]其他[illegible]乎不用一[illegible]左右[illegible]手本[illegible]之[illegible]

咸[illegible]志者[illegible]皆不書[illegible]之部[illegible]乙未進士[illegible]人陸士仁篆

太原王[illegible]撰 長洲[illegible]書 居士[illegible] 士登 夏九功 張世[illegible] 夏九思 孔尚忠

萬曆三十三年歲次乙巳十月吉旦 門生施召時 張[illegible] 施[illegible]時 徐如[illegible] 施[illegible]時 周大勳 閻[illegible] 金[illegible]思立石

[illegible]州府太倉衛經歷任紹先董建 門人顧[illegible]同立 長洲[illegible]本[illegible]刻

重建东河禅院助银碑

【释文】谨启公自幼入空门叨善散僧承棠□法保举持住东湖院历今数年向有怀机□重建有田地九亩六分租米六石七斗办赋之外余资供佛爰有中座陈仓年募劝善士□塑金容佛橱满地工后庄顾渠仓助廿二都十一图岩字圩田贰亩又下坞村顾沛功助□字圩田一亩将祖生息之置□字圩田一亩五分一并一□一亩五分现四石五升已有券照粮折并本庵加纳永入常住万生田倘或失误契券立石□功贫僧顶礼前□等慈心设立公局同仁施贫祈愿善士家居迪吉眷属康宁合里平安吉庆慈光普照太平　时维乾隆五拾三年桃月

【尺寸】60cm×28cm

【地点】镇湖东河禅院

募化东河禅院重建修理碑

【释文】募化东河禅院重建修理

退思氏　助洋叁拾元　吴玉亭　助洋壹元
朱继康　助洋伍元　朱云山　助洋壹元
顾庆安　助洋叁拾元　华竹亭　助洋壹元
顾公祭　助洋拾元　朱甫卿　助洋壹元
同仁堂　助洋拾元　王义亭　助洋壹元
同仁堂　助洋拾元　徐全生　助洋壹元
徐德兴　助洋拾伍元　姚锦山　助洋壹元
徐仁堂　助洋伍元　金阿全　助洋壹元
徐调卿　助洋伍元　吕仁方　助洋壹元
徐鸿甫　助洋陆元　叶宝宝　助洋壹元
王德卿　助洋四元　张义祥　助洋壹元
王德丰　助洋两元　许三余　助洋壹元
周鹤亭　助洋叁元　张寿根　助洋壹元
徐竹山　助洋两元　张三益　助洋壹元
孙仁卿　助洋两元　谈阿根　助洋壹元
马全根　助洋叁元　范子和　助洋壹元
朱逍渔　助洋两元　徐福亭　助洋壹元
范鸿卿　助洋两元伍角　吴增桂　助洋壹元
马衡山　助洋两元　冯云大　助洋壹元
范菊卿　助洋两元　徐金海　助洋壹元
顾庭德　助洋两元　冯仁堂　助洋壹元
方同新　助洋叁元　夏耕禅　助洋壹元
王劬椿　助洋伍元　邹了醫　助洋壹元伍角
许俊如　助洋两元　朱晋康　助洋壹元
邢尚周　助洋两元　陈贤甫　助洋壹元
朱太太　助洋壹元　邹桂泉　助洋壹元
源昌森　助洋壹元　仇凤冈　助洋壹元
卢鹤高　助洋壹元　范广应　助洋壹元

金桂堂　助洋壹元　薛阿全　助洋壹元
惠协亭　助洋壹元　夏增和　助洋两元
沈仙寿　助洋壹元　夏锦祥　助洋壹元
冯兴祥　助洋壹元　沈云全　助洋壹元
郁财福　助洋壹元　姚寿之　助洋壹元
冯义祥　助洋壹元　朱太太　助洋壹元
顾琴涵　助洋壹元　钱荣全　助洋壹元
存心堂　助洋壹元　丁洪全　助洋壹元
府云卿　助洋壹元　吴太太　助洋壹元
王铉泰　助洋壹元　顾凤高　助洋壹元
丁惠如　助洋壹元　徐子卿　助洋壹元
王协源　助洋壹元　顾洪祥　助洋两元
方同昌　助洋壹元　濮永昌　助洋壹元
府良卿　助洋壹元　王万椿　助洋壹元
潘协和　助洋壹元伍角　袁三观　助洋壹元
陈阿根　助洋壹元　周云来　助洋壹元
尤永卿　助洋壹元　小市上公帐　助洋两元
赵赓荣　助洋壹元　谈春甫　助洋壹元
王恒兴　助洋壹元　张子鳌　助洋壹元
王仲良　助洋壹元　郁东生　助洋壹元
顾靖筠　助洋壹元　吴久康　助洋两元
孙明舟　助洋壹元　顾荣桂　助洋两元
孙少卿　助洋壹元
共疏银洋贰伯陆拾伍元伍角
又各户另助钱叁拾伍仟玖伯文
禁止上屋采白果罚瓦叁仟
中华民国伍年岁次丙辰巧秋月设立
【尺寸】31cm×76cm
【地点】镇湖东河禅院

通福茶亭明柱石刻

【释文】西乡古渡

通福茶亭

乾隆甲戌腊月

【尺寸】113cm × 35cm × 3

【地点】镇湖通福茶亭

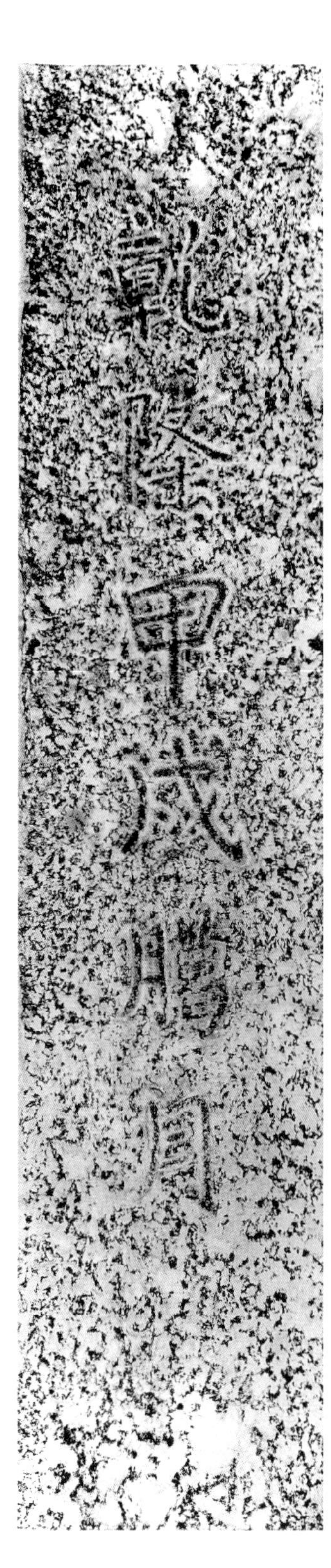
乾隆甲戌臘月
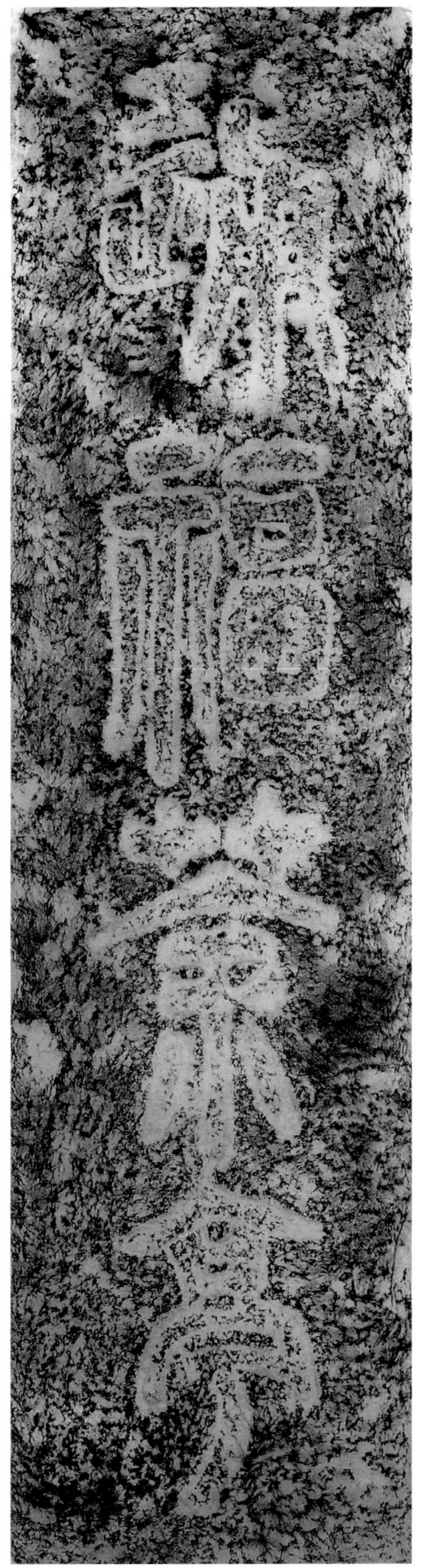
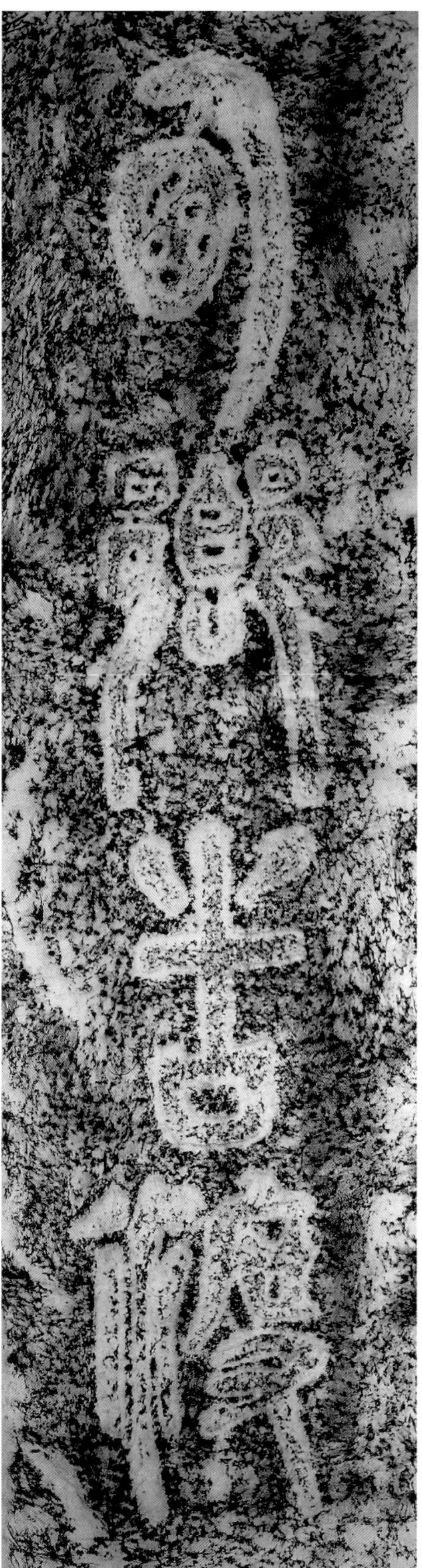

万佛宝塔碑

【释文】万佛宝塔

赵孟頫题时在大德丁未清明之日

【尺寸】122cm × 55cm

【地点】镇湖万佛寺

萬佛寶塔
趙孟頫題 時在大德丁未清明之日

秀峰岫云禅师塔铭

【释文】临济宗南岳下三十五世苏州秀峰□□岫云□禅师之塔

【尺寸】46cm×20cm

【地点】镇湖万佛寺

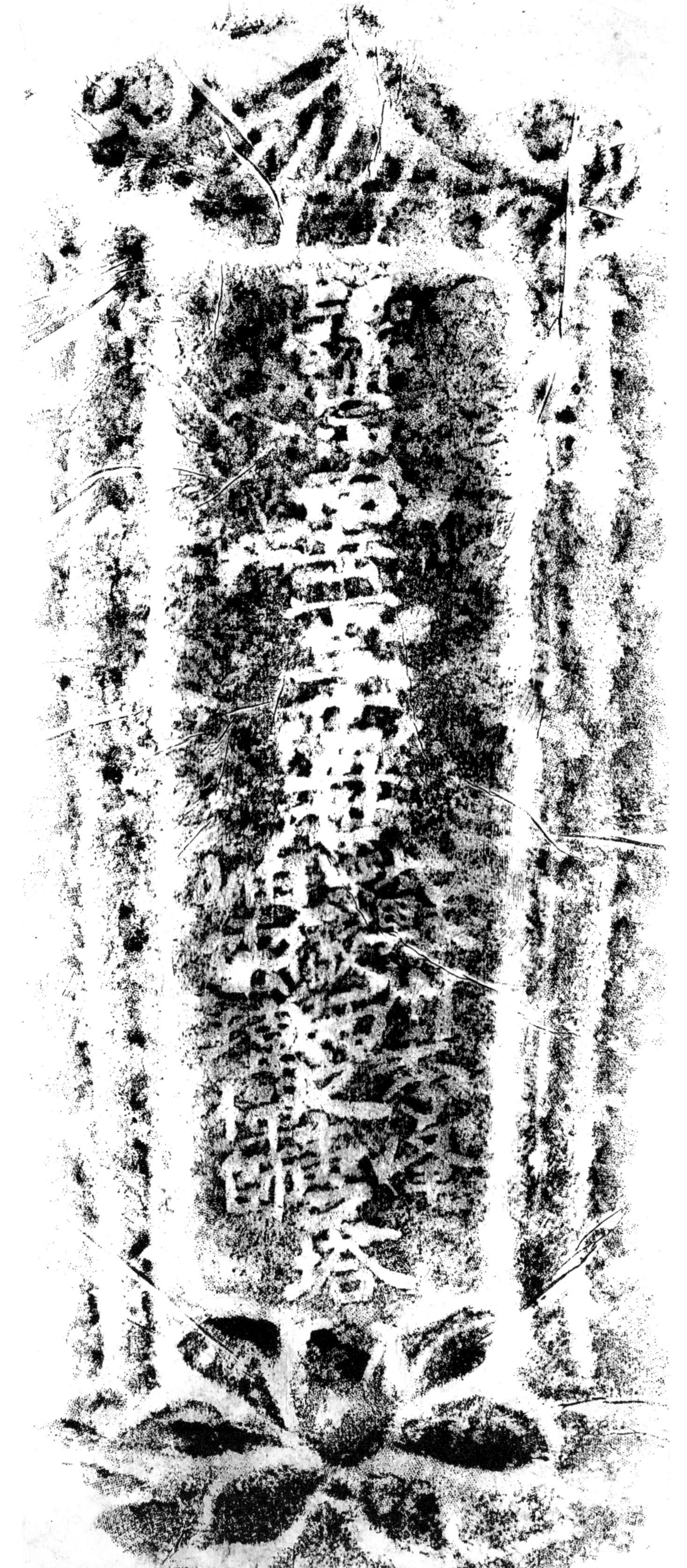

普宁郡侯赠少师徐忠懿公墓望祭碑

【释文】上柱国普宁郡侯赠少师徐忠懿公墓望祭碑记

■葬吴县蒸山历代郡邑志冢墓者备书之阅世久远莫详处所乾隆丁■侍崇葬亲蒸山穿地得对合两石纵横各三尺一为　先公墓志铭蒋之奇■在章衡□□而起之遂营窀穸舁石入城将灭迹矣宗人在鲁治格宗文等■告赴山履勘知先公兆穴幸呈□于■

【尺寸】128cm × 30cm

【地点】玉屏山东

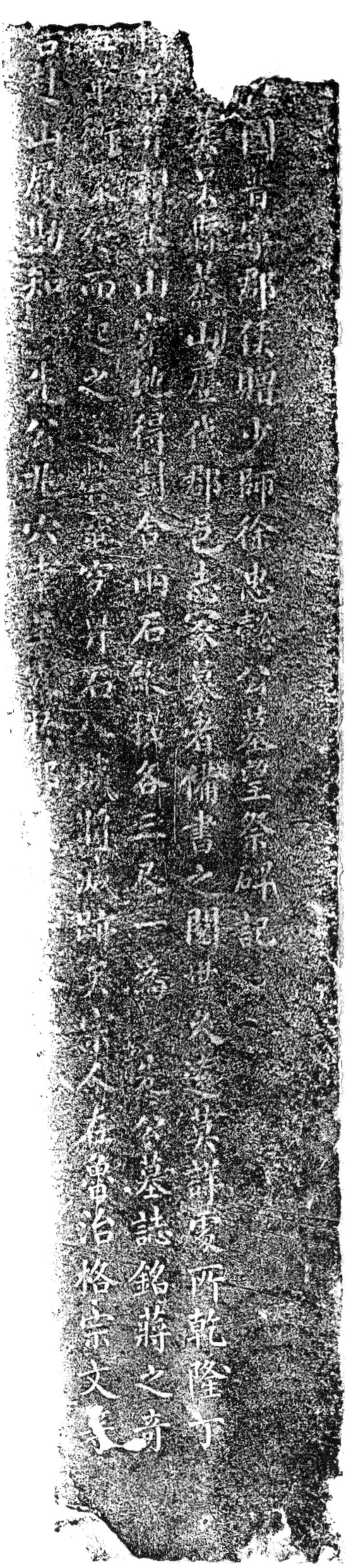

宋左中散大夫徐师闵墓志铭

【释文】宋故左中散大夫致仕上柱国普宁郡开国侯食邑壹仟壹伯户赐紫金鱼袋徐公墓志铭

太中大夫充宝文阁侍讲熙河关岷路经略安抚使兼马步军都总管权知熙州军州事兼管内劝农使上柱国寿光县开国伯食邑柒伯户蒋之奇撰

翰林侍讲学士左朝散大夫御史中丞上柱国会稽郡开国侯食邑壹仟柒伯户食实封贰伯户赐紫金鱼袋黄履书

左朝议大夫充集贤院学士知越州军州事兼管劝农使充两浙东路兵马钤辖上柱国吴兴县开国男食邑叁伯户赐紫金鱼带章衡撰盖

大中祥符五年章圣皇帝临轩试进士故翰林学士尚书礼部郎中知制诰赠守太尉徐公讳奭为天下第一而余伯考枢密直学士尚书礼部侍郎致仕赠守太尉希鲁公□在其榜中为同年之契故蒋与徐有通家之好而余圣徒治最□□圣徒盖翰林之长子也翰林□□□监□通□□州而　圣徒始生焉　圣徒讳师闵建州建安人其上世尝居金陵自其高曾避江左李氏之□徙家□□曾祖讳道□德弗耀祖讳郁太常丞祖母丘吴兴郡君母魏延安郡君追封庆国太夫人□公初□□□□校书郎□□□将作监主簿泛恩改太常寺奉礼部大理评事将作监丞大理丞太子中舍殿中丞国子博士入尚书省为虞部处部驾部三曹员外郎郎中司农少卿更官□□朝议大夫致政□□□上即位改中散大夫以□□进左中散大夫凡历十八□而脱始登于卿列其职任自监舒州皖口镇宰婺之金华知循□封三州州判□□三州知县化江阴二军又知达袁二州凡更十一官而所至皆治累动至上柱国爵至普宁郡开国侯食邑一千一百户服章□镇□至金紫绶公□□迈读书过目辄记尝召识中书以不应式罢去其左岭南弟师贡将其□刘俱□□公□□□之祖从也家事倖给一□之□而不问也初朋友亲感以岭南瘴疠地勉　公以无夙兴及寐　公曰□□□□章丘裴不勉既至□□□□主簿书狱讼□日蔽断穷日力而后已以其暇日与兄弟导酒相乐竟三官皆无恙　公□年少□期籍□于苏方是时伯□□苏于□公为同年丈人行怜□公贫谋有以济之而　公□□□□□□□清□□□又树守逾年歙民□讼而　公疏理之狱□屡空日与其僚从山水之乐韩绛安辅江曰一□□之□□□江南□□第一□还翰林学士曾公亮胡宿列言　公有才不宜淹常调宰相有不喜者得堂□□平□□□□大兴□□□□者年□□□人□俗以婚嫁论财者约止之释老有害教者惩军之泉守蔡襄以翰林学士□□□□□□□□□□□□□三□修造案朝臣有不悦蔡者皆□不行复以堂除为江阴守江阴控大江无□□□□□□□□□□□□□□以□达州达隶变路去成都远甚而郡之子弟多游学成都　公曰十室之邑□□□□□□□□□□□□□□□□召父老廷谕之若等子弟县乡里去父母游学于外孰与孰乡学便耶众□□公□□食邑□七□之□□□□□□□□庠校目是擢第者相继焉还　朝执政欲除　公提点福建刑狱复以同□□□□□□□□□□□□□而前日夔路使者以非义加　公奏　公□例差役吏还绕方　朝廷行新□□□□□□□□□□□□□□□白　公无罪乃移守袁方是时余符漕江西行部正远察　公治抉荐于□朝江西□□仪□□□□□□□□□□□平□之所在搔动袁独豫备□□事具战□常若寇至江南之舟□□于北□扫令严□□□□□□□□不敢犯者军民歌之且有瑞粟嘉禾之异绘图以进兄　公为治镇静循理不苛小□忠爱吏民□□□□□□□□□□□以□　公之才而建立已如此岂诗所谓岂弟君子者欤浮图有以黄白术□者欲佐□□□□之□□公问曰术久乎曰五十年乃变耳　公曰吾平生不妄语若欺人于五十年后岂苦心哉却去之部使者第　公课终□及共守王韶皆列奏留　公再吏部以年高不行遂　上章告老即以其官致仕而□其初乎致仕时□寿六十七矣　公之在仕自辅臣而下荐者百人及退归苏台与元绛卢晖张诜程师孟诣公以诗酒相过从号□十老乡人之刻其诗于公府□吴门盛事云　公尤长于诗下笔辄成人疑其宿构在兴□□蔡君谟唱和有警句君谟称之有歌诗二十卷□文十卷闲居喜宾客应接不倦四方雅旧尽问无虚月晚年乐相佛□探涅性以元祐八年五月卒享年八十　公三娶张江陈三族而江氏封长乐郡君五男涛秀州崇德□涛主□州武义簿并蚤世畴右通直郎□知达州军州事酬兴化军司户参军铸安州安□令二女适左宣德郎知邵州邵阳县事□端奉议郎司农守主簿江淑封太和县君孙男十六人端修密州安丘尉端荣端行尝预□荐余皆□进士孙女十人曾孙二人以其年十一月初十日□　公吴县蒸山龙窝坞且葬其子涛以　公行状来丐余铭铭曰

呜呼圣徒　尝试中书　既成而诎　尝□监司　万得而失

呜呼圣徒　其进□□　其□□□　其生□□　其亡不没

刘隆刊

【尺寸】104cm × 104cm

【地点】苏州高新区文化体育和旅游局藏

后记

苏州高新区位于古城西部，自京杭大运河向西一直绵延至太湖之滨，山清水秀的自然风貌与悠久深厚的历史文化在这里交相辉映，历来是文人墨客、高士名僧赏玩游历之地。他们登山临水，吟咏赋绘，考故园之嬗替，发思古之幽情，在山岭崖壁间留下大量墨迹。所题或写山川之秀美，或数人物之风流，或叙历史之沧桑，词句隽永，意境深远，碑石勒镌，无一不精。这些摩崖石刻在时间的沉淀下，成为研究这方土地历史文化的珍贵资料。

十五年前，苏州高新区文联有一支名为『探寻·发现』的队伍，他们以深度挖掘地域文化为己任，出于对乡邦文化的热爱，常年探寻、探访于苏州西部山林。他们攀登断崖峭壁，穿行荆棘丛林，寻访记录这些风格各异、特色鲜明的石刻真容，经历了无数个寒暑的努力，为的是眼前的这批宝贵遗产不至于湮灭。

二〇一八年六月，苏州高新区地方文化研究会成立。为了摸清区内摩崖石刻与碑刻现存情况，区文化管理部门委托地方文化研究会，组织队伍开始再一次系统搜寻。他们根据史籍记载，实地寻访、考察、记录，并进行抢救性的拓制存档。随着工作深入开展，他们惊喜地发现了元祐八年左中散大夫徐师闵的墓志铭，这也成为苏州高新区境内现存年代最早的宋代石碑，且为之撰文的蒋之奇、书丹的黄履以及篆盖的章衡，均为宋时重臣。此碑曾在乾隆年间为有识之士复埋入土，二十世纪六十年代又被挖出弃之山野，曾一度消失。今日失而复得，似有奇缘，令我们欣喜异常。同时，还发现了明代浒墅关国计堂碑记、欧阳子瑄诗碑等三十余处重要碑刻遗存，虽有的已残缺不全，但实在是极为难得的。通过这次系统整理，共登记收集到的摩崖石刻、石碑共计一百二十余处，涉及范成大、赵宧光、申时行、顾元庆、王铎、王鏊、王穉登、文震孟、文从简等一大批文人高士的书法题刻，前后跨越近千年，其中还有诸多诗文、碑记被首次挖掘出来。这批集历史、社会、艺术的文字能够保存到今天，可谓件件弥足珍贵，是苏州高新区重要的文化瑰宝。

本书付印之前，又意外地在寒山发现了一方数米高的『云山不了处』摩崖，可见苏州高新区题刻之多。本书只是一个开始，我们也期待有更多这样的新发现。

本书释文参考了已有文献，对不易识读或已佚的碑文进行了补正。遇有不确定字数之漫漶难识处，以『■』明之；单字漫漶难识处以『□』明之。

『文化是一个国家、一个民族的灵魂。文化兴国运兴，文化强民族强。』重视地方文化，就是重视我们脚下这方土地的历史传承。《勒石为记——苏州高新区摩崖石刻石碑拓片选粹》的出版，不仅为后世保留了一份珍贵的地方文献，对研究苏州高新区地方历史文化也有着非同寻常的意义！本次普查、寻访、传拓的过程，凝聚了所有参与者的艰苦劳动与众多热心人士的帮助支持！

本书篇尾，特别收录了他们工作中的一小部分照片，亦作为一段史实予以展示，在此一并表示致敬与感谢！

编　者

二〇一九年十一月